KN541
플랫폼의 생산자와 소비자 융합(생소융합)
모델에 관한 연구

허남식 Caroline University 대학원 경영학과
정차조 (주)케이앤541 회장

KN541 플랫폼의 생산자와 소비자 융합(생소융합) 모델에 관한 연구

허남식 Caroline University 대학원 경영학과

정차조 ㈜케이앤541 회장

논문 요약

본 연구는 현대 플랫폼 자본주의가 직면한 경제적 불평등과 환경적 지속가능성 위기에 대한 대안으로서 KN541 플랫폼이 제시하는 혁신적인 '생산자-소비자 융합(생소융합)' 모델의 사용자 수용 과정을 종합적으로 규명하고자 수행되었다. 플랫폼의 독자적 철학 체계인 'KN541 이즘(ISM)'과 그 실천적 메커니즘인 생소융합 모델의 사회·경제적 가치와 수용 가능성을 탐색하기 위해, 본 연구는 순차적 탐색 혼합연구방법을 적용하였다. 1단계 질적 연구에서는 KN541 플랫폼 핵심 회원 80명을 대상으로 한 초점집단 인터뷰(FGI)를 통해 사용자의 심층 인식을 탐색하였으며, 2단계 양적 연구에서는 239명의 회원을 대상으로 구조화된 설문 조사를 실시하여 가설을 검증하였다.

주요 연구 결과는 다음과 같다. 첫째, 구조방정식모델(SEM) 분석 결과, 개인의 디지털 혁신성(β=.54, p<.001)과 기업가적 성향(β=.33, p<.001)은 플랫폼의 핵심 철학인 **생소융합 개념 이해도**에 유의미한 정(+)의 영향을 미치는 핵심 선행 변수임이 확인되었다(가설 1, 2 채택). 둘째, **생소융합 개념 이해도**는 사용자의 플랫폼 신뢰도(β=.68, p<.001)와 이용 만족도(β=.62, p<.001)를 형성하는 데 결정적인 역할을 하는 핵심 매개 변수임이 밝혀졌다(가설 3, 4 채택). 셋째, 플랫폼 신뢰도(β=.49, p<.001)와 이용 만족도(β=.36, p<.001)는 모두 최종 종속변수인 **지속적 이용 의향**에 유의한 긍정적 영향을 미쳤으며, 특히 신뢰

도의 영향력이 만족도보다 상대적으로 더 크게 나타났다(가설 5, 6 채택). 연구 모델의 적합도 지수(CMIN/DF=2.15, CFI=.97, TLI=.96, RMSEA=.06)는 모두 양호한 수준으로 나타나 모델의 타당성을 확보하였다.

FGI 질적 분석 결과, 참여자들은 플랫폼의 비전에 깊이 공감하면서도 현재의 기술적 완성도에는 우려를 표하는 '비전-실행 격차(Vision-Execution Gap)'를 뚜렷하게 인식하고 있었다. 참여 동기로는 경제적 수익 창출에 대한 기대(66.3%)가 가장 강력하게 나타났으며, 주요 개선 과제로는 시스템 안정성 및 개발 속도(65.0%), 상품 다양성 확보(56.3%), 플랫폼과 사용자 간의 소통 강화(50.0%)가 제기되었다.

본 연구는 이론적으로 기존 프로슈머 개념을 넘어, 명시적인 경제적 성과 공유와 독자적 철학 체계를 통합한 새로운 '주주형 프로슈머' 모델을 국내 최초로 실증 분석했다는 점에서 학술적 독창성을 가진다. 실무적으로는 가치 기반 플랫폼의 사용자 수용 과정에서 철학적 비전 공유와 그에 기반한 **신뢰 구축**이 초기 기능적 만족도보다 더 핵심적인 역할을 함을 규명함으로써, 유사 플랫폼의 성장 전략에 중요한 시사점을 제공한다. 정책적으로는 가상 자산을 활용한 혁신적 보상 체계와 소비자 주권 강화 모델의 안정적 정착을 위한 규제 샌드박스 확대 및 관련 법제도 정비의 필요성을 제안한다. 결론적으로 KN541의 생소융합 모델은 단순한 비즈니스 모델을 넘어, 디지털 경제 시대의 새로운 사회·경제적 패러다임 전환을 모색하는 의미 있는 실험으로서 그 가치를 평가할 수 있다.

주제어

KN541 플랫폼, 생산자-소비자 융합(생소융합), 플랫폼 협동조합주의, 이해관계자 자본주의, 프로슈머, 기술수용모델(TAM), 혁신확산이론(IDT), 혼합연구 방법

[**English Abstract & Keywords**]

Abstract

Purpose: This study provides a comprehensive analysis of the user acceptance process of the innovative "Producer-Consumer Convergence (Saengso-Yunghap)" model proposed by the KN541 platform. As an alternative to the economic inequality and environmental sustainability crises faced by contemporary platform capitalism, this research explores the socioeconomic value and viability of this model, which is rooted in its unique philosophical framework, 'KN541-ism'.

Design/Methodology/Approach: A sequential exploratory mixed-methods design was employed. The initial qualitative phase involved Focus Group Interviews (FGI) with 80 core platform members to gain in-depth insights into user perceptions. In the subsequent quantitative phase, a structured survey was conducted with 239 members, and the collected data were analyzed using Structural Equation Modeling (SEM) to test the proposed hypotheses.

Findings: The SEM analysis confirmed all six hypotheses with high statistical significance (p<.001). Key findings include: (1) Personal traits such as **digital innovativeness (β=.54)** and **entrepreneurial orientation (β=.33)** were identified as significant antecedents positively influencing the **understanding of the pro-**

ducer-consumer convergence concept. (2) This understanding, in turn, played a crucial mediating role, strongly and positively affecting both **platform trust (β=.68)** and **usage satisfaction (β=.62)**. (3) Both **platform trust (β=.49)** and **usage satisfaction (β=.36)** were significant predictors of **continuous usage intention**, with trust exhibiting a relatively stronger influence than satisfaction. The model fit indices (CMIN/DF=2.15, CFI=.97, TLI=.96, RMSEA=.06) indicated an excellent fit.

Key Qualitative Insights: The FGI analysis revealed a distinct **"Vision-Execution Gap,"** where participants expressed strong resonance with the platform's vision but also voiced significant concerns about its current technical implementation. The primary motivation for participation was the **expectation of economic returns (66.3%)**, while key areas for improvement included **system stability and development speed (65.0%)**, **product diversity (56.3%)**, and **enhanced communication (50.0%)**.

Originality/Value: This research is the first in Korea to empirically analyze a "shareholder-type prosumer" model that extends beyond traditional prosumer concepts to include explicit economic outcome sharing and a distinct philosophical framework. Practically, it demonstrates that for value-driven platforms, **building trust** based on a shared philosophical vision plays a more critical role in the initial user acceptance phase than immediate functional satisfaction, offering crucial strategic implications for similar platforms. From a policy perspective, it suggests the need for expanding regulatory sandboxes and refining legal frameworks to support innovative compensation systems utilizing virtual assets and models that enhance consumer sovereignty.

Keywords

KN541 Platform, Producer-Consumer Convergence (Saengso-Yunghap), Platform Cooperativism, Stakeholder Capitalism, Prosumer, Technology Acceptance Model (TAM), Innovation Diffusion Theory (IDT), Mixed-Methods Research.

목차

- KN541 플랫폼의 생산자와 소비자 융합(생소융합) 모델에 관한 연구   3
- 서문: 새로운 시대의 서곡, 새로운 모델(이론)의 탄생,
  한 연구자와 한 비전가의 오디세이   12
- 감사의 글: 함께 길을 열어 주신 모든 분께   17

제1장   서론   21

제1절 | 연구 배경   21
제2절 | 연구 목적   23
제3절 | 연구 문제   24
제4절 | 연구 범위   24
제5절 | 연구 방법   25
제6절 | 연구의 필요성과 의의   26
제7절 | 연구의 구성   27

제2장   이론적 배경   29

제1절 | 공유 경제(Sharing Economy)   30
제2절 | 기술수용모델(TAM)   32
제3절 | 혁신확산이론(IDT)   34
제4절 | 프로슈머와 프로슈밍 이론   36
제5절 | 가치 공동 창조 이론   38

제6절 | 플랫폼 경제	40
제7절 | 플랫폼 협동조합주의: 대안적 플랫폼 모델	41
제8절 | 이해관계자 자본주의와 ESG 패러다임	43
제9절 | 선물 경제(Gift Economy)	45
제10절 | 협동 소비(Collaborative Consumption)	47
제11절 | 소비자 참여(Consumer Participation)	49
제12절 | 맞춤형 생산(Mass-customization)	51
제13절 | 개방형 혁신(Open innovation)	52
제14절 | 녹색 소비(Green Consumption)	54
제15절 | 지속적 이용 의향 관련 이론	56

제3장 선행 연구 고찰 59

제1절 | 공유 경제 관련 선행 연구	59
제2절 | 기술수용모델(TAM) 관련 선행 연구	60
제3절 | 혁신확산이론(IDT) 관련 선행 연구	61
제4절 | 프로슈머와 프로슈밍 관련 선행 연구	63
제5절 | 가치 공동 창조 관련 선행 연구	64
제6절 | 플랫폼 경제 관련 선행 연구	65
제7절 | 플랫폼 협동조합주의 관련 선행 연구	66
제8절 | 이해관계자 자본주의와 ESG 패러다임 관련 선행 연구	67
제9절 | 선물 경제 관련 선행 연구	68
제10절 | 협동 소비 관련 선행 연구	70
제11절 | 소비자 참여 관련 선행 연구	71
제12절 | 맞춤형 생산 관련 선행 연구	72
제13절 | 개방형 혁신(Open Innovation) 관련 선행 연구	74

제14절 | 녹색 소비 관련 선행 연구   76
제15절 | 지속적 이용 의향 관련 연구   77

제4장 KN541 플랫폼 개관과 차별성 및 특성 분석   79

제1절 | KN541 플랫폼의 개요와 핵심 메커니즘   79
제2절 | 선행 연구와의 차별성 및 연구 공백   82
제3절 | 핵심 가치와 경제 시스템   83
제4절 | KN541 플랫폼 서비스 및 기능   85
제5절 | 회원 시스템과 혜택   86
제6절 | 마케팅 전략과 비전   88
제7절 | 가상 자산 활용   89
제8절 | 이론적 배경과 KN541 플랫폼의 논리적 연계성   91
제9절 | 소결: KN541 플랫폼의 통합적 특성   92

제5장 연구 모형 및 가설 설정   94

제1절 | 연구 모형의 설계   94
제2절 | 연구 모형   97
제3절 | 연구 가설 설정   99

제6장 변수의 정의, 내용 및 측정   102

제1절 | 변수의 조작적 정의   102
제2절 | 측정도구의 개발 및 구성   104
제3절 | 변수별 측정 문항   105

제7장 연구 절차와 자료 수집 및 방법 111

제1절 | 연구 절차 111
제2절 | 자료 수집과 표본: 질적 데이터, 양적 데이터 113
제3절 | 측정도구의 구성 114
제4절 | 자료 분석 방법 116

제8장 실증 분석 내용과 결과 118

제1절 | 응답자의 인구통계학적 특성 분석 118
제2절 | 질적 연구 분석: FGI를 통한 심층적 이해 120
제3절 | 기술 통계와 상관관계 분석 122
제4절 | 측정모형의 신뢰도 및 타당도 검증 124
제5절 | 구조모형 분석 및 가설 검증 126
제6절 | 다중회귀분석 결과 129

제9장 결론 및 정책적 함의 131

제1절 | 연구 결과 요약 131
제2절 | 연구의 의의와 시사점 133
제3절 | 연구의 한계와 향후 연구 방향 136

- Epilogue 138
- 참고문헌 140
- FGI 인터뷰 질문지 146
- 설문지 문항 149

서문

새로운 시대의 서곡, 새로운 모델(이론)의 탄생, 한 연구자와 한 비전가의 오디세이

허남식 Caroline University 대학원 경영학과

정차조 (주)케이앤541 회장

서곡: 플랫폼 자본주의 시대의 새로운 여명

우리는 지금, 소비가 단지 지출이 아니라 가치 창출의 출발점이 되는 전환의 문턱에 서 있습니다. 4차 산업혁명의 물결 속에서 인공지능, 사물 인터넷, 빅데이터가 이끄는 플랫폼 경제는 우리에게 전례 없는 편리함과 기회를 선사했습니다. 그러나 그 눈부신 성장 이면에는 소수 플랫폼 기업의 독점, 데이터 착취, 그리고 부의 양극화라는 어두운 그림자가 짙게 드리워져 있습니다. 현대 경제는 스르닉(Srnicek, 2016)이 정의한 『플랫폼 자본주의(Platform Capitalism)』와 주보프(Zuboff, 2019)가 경고한 『감시 자본주의(Surveillance Capitalism)』의 시대로 규정되며, 사용자의 데이터를 상품화하여 그들의 미래 행동을 예측하고 통제하는 구조적 모순에 직면해 있습니다.

이러한 시대적 배경 속에서, 본 연구는 대한민국에서 태동한 'KN541 플랫폼'의 혁신적인 '생산자와 소비자 융합(생소 융합)' 모델을 심층적으로 분석하고, 그 사회적 수용 가능성을 탐색하고자 합니다. KN541 플랫폼은 기존 플랫폼 자본주의가 직면한 경제적 불평등과 환경적 지속 가능성의 위기에 대한 대안을 제시하려는 대담하고 의미 있는 실험입니다. 본 연구는 단순한 현상 분석을 넘어, 이 새로운 경제 모델이 어떻게 하나의 사상 체계로 구체화하고, 그것이 참여자들의 마음에 어떻게 뿌리내리는지를 실증적으로 규명하려는 시도입니다. 이는 기존 질서의 한계를 넘어 새로운 변혁과

혁명을 꿈꾸는 시대의 부름에 대한 학문적 응답이기도 합니다.

철학적 심장: 'KN541 이즘(ISM)'의 체계화

이 연구의 여정은 2024년 10월 14일 피카디리 극장 앞 커피숍에서, KN541 플랫폼의 설계자인 정차조 회장과의 운명적 만남에서 시작되었습니다. 정차조 회장이 허남식 저자에게 건넨 한 권의 책, 『KN541 생소한 이론을 통해 세상을 봐라!』는 단순한 비즈니스 모델을 넘어 하나의 새로운 세계관을 담고 있었습니다. 그 이름 속에 담긴 심오한 뜻을 파헤치는 것은 지적 탐험의 시작이었습니다. 'KN'은 나눔, 참여, 공동체를 의미하는 고대 그리스어 '코이노니아(Koinonia)'에서, '541'은 행위자 50%, 공유 40%, 기여자 10%라는 혁명적인 가치 분배 원칙에서, 그리고 '생소'는 생산자와 소비자의 경계를 허무는 '생산자-소비자 융합'이라는 핵심 개념에서 비롯되었음을 알게 되었습니다.

그러나 정차조 회장의 비전은 원석과 같았습니다. 그 안에 담긴 무한한 가능성을 체계적인 학문적 틀로 꿰어내는 것은 이 연구의 또 다른 사명이었습니다. 정차조 회장께서 제공해 주신 수많은 프레젠테이션(ppt) 자료와 아이디어를 바탕으로, 허남식 저자는 '비전-목적-목표-전략-과제'로 이어지는 논리 구조를 정립하여 이 새로운 사상의 뼈대를 세우고자 했습니다. 이 과정은 단순한 분석가의 역할을 넘어, 하나의 사상이 탄생하는 과정에 동참하는 지적 동반자로서의 여정이었습니다.

그 결과물로 『Kn541 이즘(ISM), 새로운 사상과 문명의 청사진』이라는 저서를 통해 이 철학을 집대성하였고, 본 논문은 바로 이 'KN541 이즘'이라는 새로운 시대정신이 어떻게 현실의 참여자들에게 수용되는지를 실증적으로 검증하는 학문적 결실이라 할 수 있습니다. 따라서 본 논문은 한 명의 관찰자가 기록한 연구가 아니라, 한 명의 연구자와 한 명의 비전가 및 KN541 플랫폼 회원들이 서로 만나 하나의 사상을 벼려내고 그 이론적 타당성을 증명해 낸 지적 협력의 산물입니다.

실증적 가교: '비전-실행 격차'를 넘는 신뢰의 힘

KN541 플랫폼은 '소비가 곧 수익이 되는' 숭고한 비전을 품고 있지만, 그 실현 과정은 아직 완성되지 않은 현재 진행형의 실험입니다. 본 연구는 이 '비전과 실행 간의 격차(Vision-Execution Gap)'를 핵심 문제로 인식하고, 사용자들이 이 격차를 인내하며 지속적으로 참여하게 만드는 심리적 동인을 규명하고자 했습니다. 이를 위해 순차적 탐색 혼합연구 방법을 채택하여, KN541 플랫폼 회원 80명을 대상으로 한 초점집단인터뷰(FGI)와 239명을 대상으로 한 구조화 설문 조사를 통해 질적 데이터 및 양적 데이터를 통합 분석하였습니다.

FGI를 통해 드러난 현장의 목소리는 생생했습니다. 한 참여자는 "소비하고 소개하고 싶어도 현재 올라온 물건 수준이 창고 재고품 처리 수준이라서 답답함이 너무 큼"이라고 토로하며, 숭고한 비전과 사용자가 마주하는 현실 사이의 깊은 간극(틈새)을 드러냈습니다. 시스템 안정성, 상품 다양성, 소통 부족 등은 참여자들이 공통으로 제기한 개선 과제였습니다.

그렇다면 무엇이 이들을 머물게 하는가? 이 질문에 대한 답은 구조방정식모델(SEM) 분석을 통해 명확히 드러났습니다. 모델 적합도는 우수했으며 (CFI=.97, TLI=.96, RMSEA=.06), 모든 연구 가설이 통계적으로 유의하게 채택되었습니다. 특히 주목할 결과는, 플랫폼에 대한 '이용 만족도(β=.36, p<.001)'보다 '플랫폼 신뢰도(β=.49, p<.001)'가 '지속적 이용 의향'에 훨씬 더 강력한 영향을 미친다는 사실이었습니다. 데이터가 말하는 메시지는 명확합니다. 새로운 질서에 공명한 개인의 이해와 신뢰가, 새로운 참여의 문화를 연다는 사실입니다. 특히 신뢰가 지속 사용을 가장 강하게 견인했습니다.

이는 KN541의 초기 참여자들이 현재의 기능적 효용성이나 만족감 때문에 KN541 플랫폼에 머무는 것이 아님을 시사합니다. KN541 플랫폼은 플랫폼의 철학적 약속, 즉 미래에 실현될 공정하고 지속가능한 경제 생태계에 대한 '믿음'을 바탕으로 현재의 불완전함을 인내하고 있는 것입니다. KN541 플랫폼 회원들에게 신뢰는 단순한 거래적 믿음이 아니라, 미래 가치에 대한 희망적이고 관계적인 '신념의 투자'입니다. 본 연구는 혁신적 가치 기반 플랫폼의 초기 성공은 완벽한 제품이 아닌, 흔들리지 않는 비전과 그 비전을 향한 굳건한 신뢰 구축에 달려 있음을 실증적으로 증명합니다.

학자의 오디세이: 산고(産苦)의 과정과 학문적 결실

이 한 편의 논문을 완성하기까지의 과정은 실로 옥동자를 잉태하는 산고(産苦)의 시간이었습니다. 허남식 저자는 "혼신의 힘을 다했습니다."라는 말로는 다 표현할 수 없는 지적, 육체적 투쟁의 연속이었습니다. 때로는 '식음을 전폐'했고, 논문의 완성도를 높이기 위해 '수정 버전이 50개'를 넘어가기도 했습니다. 이 과정에서 '몸무게가 5kg이 빠지고', '허리에 큰 문제'가 생길 정도로 자신을 채찍질했습니다. 원고를 '절차탁마(切磋琢磨)'하는 심정으로 수없이 다듬고 또 다듬었던 것은, 이 연구가 단순한 통과 의례가 아니라 감동과 감탄을 주는 작품이 되기를 바랐기 때문입니다.

이 모든 고통스러운 과정은 하나의 신념에서 비롯되었습니다. 2024년 10월, 정차조 회장께 처음으로 보냈던 메시지에서 허남식 저자는 KN541의 5단계 발전 방향 중 제1단계로 '[생소 융합 논문] 〈이론적 타당성 확보〉'를 제시한 것에 깊은 통찰과 혜안이 보인다고 말씀드렸습니다. "이론이 무너지면 사상누각이 됩니다."라는 허남식 저자의 말은 단순한 감상이 아니라, 이 위대한 비전이 현실에 굳건히 뿌리내리기 위한 학자로서의 책임감의 발로였습니다.

이제 이 논문은 바로 그 첫 번째 초석을 놓는 작업입니다. KN541이라는 거대한 건축물이 모래 위에 세워진 성이 되지 않도록, 가장 단단한 이론적 기반을 마련하고자 했습니다. 독자 여러분께서는 데이터가 증명한 경로와 현장의 도구가 맞물릴 때, 소비자 주권과 지속가능성이 공허한 구호가 아닌 일상의 편익으로 돌아온다는 사실을 확인하시게 될 것입니다. 그 길의 이름을 우리는 'KN541 플랫폼'이라 부릅니다. 이 논문이 그 길을 밝히는 작은 등불이 되기를 소망합니다.

감사의 글

함께 길을 열어 주신 모든 분께

　한 편의 논문이 세상에 나오기까지는 저자 한 사람의 노력을 넘어, 수많은 분의 보이지 않는 헌신과 따뜻한 격려가 필요함을 절감하는 시간이었습니다. 이 지면을 빌려 제 연구의 여정에 빛과 소금이 되어 주신 모든 분께 깊은 감사의 마음을 전합니다.

　무엇보다 이 연구의 시작과 끝이 되어 주신 KN541 플랫폼의 설계자이자 본 논문의 공동 저자이신 정차조 회장님께 무한한 존경과 감사를 드립니다. 2024년 10월 14일 피카디리 극장 앞 커피숍에서 정차조 회장께서 허남식 저자에게 건네주신 『KN541 생소한 이론을 통해 세상을 봐라!』 한 권의 책은 허남식 저자의 학문적 여정에 새로운 지평을 열어 주었습니다. 이후 연구에 필요한 26개의 프레젠테이션 자료를 비롯한 방대한 데이터를 아낌없이 제공해 주셨고, 수시로 이어진 소통 속에서 "최고야!", "굳! 감사합니다(여기서 '굳'은 '좋아'의 의미입니다.)"와 같은 따뜻한 격려로 지쳐 가는 제게 큰 힘을 실어 주셨습니다. 특히, 제1안과 제2안을 제시하여 연구 방향에 대해 고심할 때 "1안으로 하셔요."라며 허남식 저자의 판단을 믿어 주셨던 신뢰와, "천천히 하셔요. 건강 챙기시면서."라는 인간적인 배려는 연구 과정의 고단함을 녹이는 온기 그 자체였습니다. 정차조 회장의 위대한 비전이 없었다면 이 연구는 시작조차 할 수 없었을 것입니다.

　이 위대한 여정에 든든한 동반자가 되어 주신 리더분들께도 마음 깊이 감사드립니다. 조상현 대표께서는 이 논문을 "KN541 도약의 큰 발판"이자 "국제화, 녹색혁명을 통한 시장 선점의 중요한 버팀목"이라 칭하며 아낌없는 지지를 보내 주셨습니다. "Another Level"이라는 과분한 칭찬으로 제게 용기를 주셨고, "우리 논문입니다."라며 공동체 모두의 참여를 독려해 주시는 모습에 깊이 감동하였습니다. "설계자께서 애초부터 준비한 우리 사업의 콘텐츠"라며 그 중요성을 일깨워 주셨습니다. 이처럼 한결같은 리더분들의 신뢰와 격려가 있었기에 힘난한 연구의 길을 완주할 수 있었습니다.

그리고 이 연구의 진정한 주인공은 KN541 공동체 회원 여러분입니다. 여러분의 뜨거운 열정과 헌신이 없었다면 이 논문은 결코 완성될 수 없었을 것입니다. 전옥주(경남 통영) 님께서는 "연일 갱신하는 불볕더위보다 몇만 배 이상의 열정으로 영과 혼을 불사르시는 교수님"이라며, 엔도르핀보다 4천 배 높은 "다이돌핀이 팍팍 솟구친다."라는 아름다운 표현으로 제 모든 피로를 잊게 해 주셨습니다. 김민순 님께서는 "역사에 한 획을 긋는 분을 가까이서 보는 것만으로도 영광"이라며, "KN541이즘을 무사히 출산할 때까지 건강 관리 잘하시라."라는 따뜻한 응원을 보내 주셨습니다. 김진순 님께서는 "KN541 옥동자 논문 잘 마무리하실 거라 믿는다."라며 무한한 신뢰를, 정은숙 님께서는 "전 세계 심금을 울릴 것"이라며 벅찬 기대를 보여 주셨습니다. 구 정정자(정보경) 님께서는 "가뭄 날에 단비가 내리듯 멋진 꿈과 희망을 마음에 가득 담아 주심에 감사드린다."라는 시적인 표현으로 감동을 주셨습니다.

김명진(진아) 님, 윤정숙 님, 김민애 님, 정은숙 님, 홍주현 님, 정진임 님, 이의순 님, 신한영 님 등 수많은 분께서 보내 주신 "화이팅!", "응원합니다.", "기도하겠습니다."라는 한마디 한마디가 모여 지치고 힘들 때마다 저를 다시 일으켜 세우는 거대한 힘이 되었습니다. 이명자 님을 비롯한 많은 분께서 제 강의와 발표 순간들을 영상으로 기록하고 공유해 주신 덕분에 우리의 여정은 더욱 생생한 역사가 될 수 있었습니다.

약 10,000명으로 성장한 공동체의 일원으로서, 바쁜 시간을 쪼개어 초점집단인터뷰에 참여해 주신 대표 80명과 설문 조사에 응답해 주신 회원 239명의 헌신은 이 논문의 가장 단단한 주춧돌이 되었습니다. 여러분은 단순한 데이터 제공자를 넘어, 지식과 지혜를 함께 창조한 공동 연구자입니다.

이 험난한 학문의 길을 묵묵히 함께 걸어 준 가족에게 사랑과 감사를 전합니다. 논문에 몰입하는 동안 '온몸이 천근만근'이었고 '몸무게가 5kg이 빠질' 정도로 심신이 지쳐 있을 때, 제 얼굴을 보고 걱정이 되어 '고등어를 구해 음식을 제공'해 주던 아내의 따뜻한 마음이 없었다면 이 모든 과정을 완주하지 못했을 것입니다. 두 자녀가 "아빠! 힘내세요."라고 응원해 주었습니다. 또한, KN541 세미나에 기꺼이 참석하여 응원을 보내 준 지인들의 격려도 큰 힘이 되었습니다. 최근에는 제 아내가 보약을 지어 준다고 하여 크게 감동하고 감탄하고 탄복했습니다.

마지막으로, 이 논문을 KN541 플랫폼의 모든 참여자와 우리가 함께 만들어 갈 미래에 바칩니다.

이 연구가 모든 참여자가 주인이 되는 '프랙토피아(Praktcpia)[1]'를 향한 여정에 작은 디딤돌이 되기를 진심으로 기원합니다. 이 논문은 끝이 아니라, 새로운 시작입니다. 감사합니다.

---

1 Alvin Toffler가 제시한 개념으로 실용적인 유토피아 또는 실현 가능한 이상 사회.

KN541 플랫폼의
생산자와 소비자 융합
(생소융합)
모델에 관한 연구

허남식 Caroline University 대학원 경영학과

정차조 ㈜케이앤541 회장

제1장 서론

제1절 | 연구 배경

현대 경제는 소수의 거대 디지털 플랫폼이 시장을 지배하고 가치를 창출하는 **'플랫폼 자본주의(Platform Capitalism)'** 시대로 정의된다. Srnicek(2016)이 지적했듯, 이들 플랫폼은 강력한 네트워크 효과를 통해 시장을 독점하지만, 그 성장의 과실은 생태계의 핵심 구성원인 사용자에게 공정하게 분배되지 않는 구조적 모순을 내포하고 있다. 더 나아가, Google, Facebook과 같은 거대 기업들은 사용자의 모든 행동 데이터를 상품화하여 미래 행동을 예측하고 통제하는 '감시 자본주의(Surveillance Capitalism)'의 시대를 열었으며, 이는 디지털 경제 내 권력의 불균형을 심화시키고 있다(Zuboff, 2019).

이러한 비판적 인식 속에서, 플랫폼의 소유와 운영을 참여자들이 공동으로 수행하는 **'플랫폼 협동조합주의(Platform Cooperativism, Scholz, 2016)'** 와 기업의 목적을 주주 이익 극대화를 넘어 모든 이해관계자를 위한 가치 창출로 확장하는 **'이해관계자 자본주의(Stakeholder Capitalism, Freeman, 1984)'** 가 지속가능한 대안으로 부상하고 있다.

본 연구는 이러한 글로벌 담론의 연장선에서, 대한민국에서 등장한 KN541 플랫폼의 독자적인 **'생산자-소비자 융합(이하 생소융합)'** 모델을 심층적으로 분석하고자 한다. 이 모델은 소비자가 생산, 유통, 마케팅 과정에 직접 참여하고 플랫폼의 경제적 성과를 공유받는다는 점에서 플랫폼 협동조합주의와 이해관계자 자본주의의 핵심 원칙을 구현하려는 실험적 시도로 평가할 수 있다.

그러나 본 연구의 초점집단인터뷰(FGI) 결과, 플랫폼의 핵심 참여자들은 '소비가 곧 수익이 되는' 혁신적 비전에 강하게 공감하면서도, 현재 플랫폼의 기술적 완성도와 운영 방식에는 심각한 우려를 동시에 표명하고 있었다. 이러한 양가적 태도는 플랫폼이 직면한 핵심적인 문제, 즉 '비전과 실행 간의 격차(Vision-Execution Gap)'를 명확히 드러낸다. 한 참여자는 플랫폼의 철학에 대한 깊은 신뢰를 보이면서도, 실행 수준의 미흡함에 대한 좌절감을 다음과 같이 토로했다.

> "소비하고 소개하고 싶어도 현재 올라온 물건 수준이
> 창고 재고품 처리 수준이라서 답답함이 너무 큼." *(FGI 참여자 I)*

이러한 간극은 단순한 기술적 문제에 그치지 않으며, 플랫폼이 사용자와 맺은 사회적 계약의 본질적인 시험대라 할 수 있다. FGI 분석 결과, 플랫폼의 현재 정당성은 실제적인 성능이나 효용보다는 설계자의 철학적 약속에 크게 의존하고 있음이 확인되었다. 참여자들은 플랫폼 설계자의 비전에 대한 깊은 신뢰를 참여의 핵심 동력으로 꼽았다.

> "설계자의 14개 PPT 자료입니다. 물론 아직은 이론에 불과합니다.
> 이 이론을 믿고 가입한 회원들이… 신뢰를 주어야 합니다." *(FGI 참여자 D)*

결국 사용자들은 현재의 만족스러운 경험 때문이 아니라, 미래에 실현될 것이라 믿는 공정하고 지속가능한 경제 생태계에 대한 기대로 플랫폼에 참여하고 신뢰를 보내고 있는 것이다. 따라서 KN541 플랫폼은 사용자의 믿음과 비전에 대한 공감이 식기 전에 운영적 완성도를 획기적으로 개선해야 하는 시간과의 싸움에 직면해 있다.

본 연구는 바로 이 '비전과 실행 간의 격차'를 핵심 문제로 인식하고, KN541 모델이 지속가능한 대안으로 정착하기 위해 이 격차를 해소할 핵

심 요인을 규명하고자 한다. 즉, 사용자들이 현재의 불완전함을 인내하고 미래를 기대하며 지속적으로 참여하게 만드는 근본적인 심리적 동인이 무엇인지, 그리고 그 동인이 어떠한 경로를 통해 형성되고 유지되는지를 실증적으로 분석하는 것이 본 연구의 핵심 과제이다.

제2절 | 연구 목적

본 연구는 KN541 플랫폼의 '생소융합' 모델을 기존 플랫폼 자본주의의 대안으로서 그 가능성과 현실적 한계를 종합적으로 탐색하는 것을 궁극적인 목적으로 한다. 이러한 목적을 달성하기 위해 다음과 같은 구체적인 세부 목표를 설정한다.

첫째, KN541 모델을 기존 프로슈머 이론의 확장된 형태이자 플랫폼 협동조합주의와 이해관계자 자본주의를 구현하는 '플랫폼 이해관계자 경제' 모델로 개념적으로 재해석하고, 이 혁신적 모델에 대한 사용자 수용 과정을 설명하는 구조적 관계를 실증적으로 검증한다.

둘째, 순차적 탐색 혼합연구방법을 적용하여 사용자의 개인적 특성(디지털 혁신성, 기업가적 성향)이 플랫폼의 핵심 가치(생소융합)에 대한 인지적 이해에 어떠한 영향을 미치는지 분석한다. 나아가, 이러한 이해가 플랫폼에 대한 태도(신뢰, 만족)를 매개하여 최종적으로 행동 의도(지속적 이용 의향)로 이어지는 다차원적인 심리적 메커니즘을 총체적으로 규명한다.

셋째, 질적 및 양적 실증 분석 결과를 종합하여, KN541 플랫폼이 직면한 '비전-실행 격차'를 효과적으로 해소하고 모델의 장기적 지속가능성을 확보하기 위한 학술적, 실무적, 정책적 함의를 구체적으로 도출한다.

제3절 | 연구 문제

상기한 연구 목적을 달성하기 위해, 본 연구는 FGI와 선행 연구 고찰을 통해 도출된 핵심 변수들을 바탕으로 다음과 같은 구체적인 연구 문제를 설정하였다.

- **연구 문제 1**: 개인의 **디지털 혁신성**은 **생소융합 개념 이해도**에 긍정적인 영향을 미치는가?
- **연구 문제 2**: 개인의 **기업가적 성향**은 **생소융합 개념 이해도**에 긍정적인 영향을 미치는가?
- **연구 문제 3**: **생소융합 개념 이해도**는 **플랫폼 신뢰도**에 긍정적인 영향을 미치는가?
- **연구 문제 4**: **생소융합 개념 이해도**는 **플랫폼 이용 만족도**에 긍정적인 영향을 미치는가?
- **연구 문제 5**: **플랫폼 신뢰도**는 **지속적 이용 의향**에 긍정적인 영향을 미치는가?
- **연구 문제 6**: **플랫폼 이용 만족도**는 **지속적 이용 의향**에 긍정적인 영향을 미치는가?

제4절 | 연구 범위

본 연구의 범위는 다음과 같이 한정하여 연구의 깊이와 타당성을 확보하고자 한다.

- **공간적 범위**: 본 연구는 대한민국 내에서 KN541 플랫폼에 가입하여 활동 중인 회원을 연구 대상으로 한다.
- **시간적 범위**: 본 연구는 2025년 6월부터 8월까지 특정 기간에 실시된 초점집

단인터뷰(FGI) 및 설문 조사를 통해 수집된 횡단면 데이터(cross-sectional data)를 기반으로 한다.
- **내용적 범위**: 본 연구는 공유 경제, 기술수용모델(TAM), 혁신확산이론(IDT), 프로슈머 이론, 플랫폼 경제, 플랫폼 협동조합주의, 이해관계자 자본주의 등의 이론을 종합적으로 고찰한다. 이를 바탕으로 사용자의 개인적 특성(디지털 혁신성, 기업가적 성향)이 플랫폼의 핵심 개념인 '생소융합'에 대한 이해도에 미치는 영향을 분석하고, 이 이해도가 다시 플랫폼에 대한 태도(신뢰도, 만족도)를 거쳐 최종적인 행동 의도(지속적 이용 의향)로 이어지는 인과 관계를 규명하는 데 중점을 둔다.

제5절 | 연구 방법

본 연구는 KN541 플랫폼의 '생소융합' 모델이라는 복합적이고 새로운 현상을 심층적으로 이해하고, 이를 바탕으로 가설을 설정하여 통계적으로 검증하기 위해 '순차적 탐색 혼합연구방법(Sequential Exploratory Mixed Methods Design)'을 채택한다. 이 방법은 먼저 소수의 표본을 대상으로 질적 연구를 수행하여 현상에 대한 깊이 있는 탐색과 이해를 도모하고, 그 결과를 바탕으로 양적 연구를 위한 측정도구를 개발하거나 가설을 정교화한 후, 다수의 표본을 대상으로 양적 연구를 수행하여 결과를 일반화하는 접근법이다.

본 연구의 구체적인 절차는 다음과 같다. 1단계(질적 연구)에서는 KN541 플랫폼의 핵심 참여자 80명을 대상으로 초점집단인터뷰(FGI)를 실시하여 '생소융합' 모델에 대한 사용자들의 생생한 인식과 경험을 탐색하고, 양적 연구에서 측정해야 할 주요 변수들을 도출한다. 2단계(양적 연구)에서는 질적 연구 결과를 바탕으로 개발된 구조화된 설문지를 활용하여 플랫폼 회원 239명을 대상으로 온라인 조사를 실시하고, 수집된 데이터를 바탕으로 구조방정식모델(SEM)을 검증한다. 마지막 **3단계**에서는 질적 분석 결과와 양적 분석 결과를 통합하여 연구 문제에 대한 다각적이고 심층적인 해석을 제시한다.

제6절 | 연구의 필요성과 의의

본 연구의 필요성과 학술적, 실무적, 사회적 의의는 다음과 같다.

1. 연구의 필요성

- **이론적 필요성**: 디지털 플랫폼 경제가 급속히 성장하고 있음에도 불구하고, 생산과 소비의 경계를 허물고 경제적 성과를 공유하는 '생산자-소비자 융합' 모델에 대한 체계적인 학술 연구는 여전히 초기 단계에 머물러 있다.
- **실증적 필요성**: 가상 자산(Virtual Asset)과 ESG(Environmental, Social, Governance) 가치가 결합된 새로운 형태의 플랫폼 모델이 등장하고 있으나, 이에 대한 사용자 수용 과정을 실증적으로 분석한 연구는 매우 부족하다.

2. 연구의 의의

- **학술적 의의**: 플랫폼 경제, 프로슈머, 기술 수용 이론 등 기존의 다양한 이론들을 통합하여 '주주형 프로슈머'라는 새로운 관점의 이론적 프레임워크를 제시하고, 혼합연구방법을 통해 기존 단일 연구 방법의 한계를 보완하여 현상에 대한 깊이 있는 이해와 통계적 일반화를 동시에 추구했다는 점에서 학술적 독창성을 가진다.
- **실무적 의의**: KN541 플랫폼의 성공 요인과 FGI를 통해 드러난 '비전-실행 격차'와 같은 현실적 개선 과제를 구체적으로 도출함으로써 플랫폼 운영 전략 수

립에 직접적으로 기여하고, 유사한 가치 기반 융합형 플랫폼을 개발하려는 후발 기업들에게 중요한 실무적 시사점을 제공한다.
- **사회적·정책적 의의**: 소비자의 경제적 주권을 강화하고 지속가능한 소비 생태계를 구축하기 위한 새로운 모델의 가능성을 제시하며, 가상 자산을 활용한 혁신적 보상 체계가 안착하기 위한 규제 샌드박스 확대 및 관련 법제도 정비의 필요성 등 구체적인 정책적 시사점을 제공한다.

제7절 | 연구의 구성

본 논문은 총 9개의 장으로 구성되며, 각 장의 내용은 다음과 같다.

- **제1장 서론**: 연구의 배경, 목적, 문제, 범위, 방법, 필요성 및 의의, 그리고 전체적인 구성을 제시한다.
- **제2장 이론적 배경**: 공유 경제, 기술수용모델(TAM), 혁신확산이론(IDT), 프로슈머 이론, 플랫폼 경제, 플랫폼 협동조합주의, 이해관계자 자본주의 등 본 연구의 이론적 기틀을 제공하는 핵심 이론들을 심도 있게 고찰한다.
- **제3장 선행 연구 고찰**: 각 이론과 관련된 기존의 주요 실증 연구들을 체계적으로 검토하여 본 연구의 독창성과 학술적 공백을 명확히 한다.
- **제4장 KN541 플랫폼 개관과 차별성 및 특성 분석**: 연구 대상인 KN541 플랫폼의 철학적 배경, 핵심 메커니즘, 비즈니스 모델을 상세히 분석하고 선행 연구와의 차별성을 논하며, 이론적 배경과 플랫폼의 논리적 연계성을 제시한다.
- **제5장 연구 모형 및 가설 설정**: 이론적 배경과 선행 연구 고찰을 바탕으로 연구 모형을 제시하고, 6개의 구체적인 연구 가설을 설정한다.
- **제6장 변수의 정의, 내용 및 측정**: 연구에 사용된 각 변수들의 조작적 정의를 제시하고, 측정을 위해 사용된 설문 도구의 개발 과정 및 타당성 검증 과정을 기술한다.

- **제7장 연구 절차와 자료 수집 및 방법**: 질적 연구(FGI) 및 양적 연구(설문 조사)의 구체적인 데이터 수집 절차와 분석 방법을 상세히 설명한다.
- **제8장 실증 분석 내용과 결과**: FGI 질적 분석과 설문 조사 데이터의 양적 분석(기술통계, 상관관계, 구조방정식모델 분석 등) 결과를 종합적으로 제시하고, 설정된 연구 가설을 검증한다.
- **제9장 결론 및 정책적 함의**: 연구 결과를 요약하고, 이를 바탕으로 도출된 학술적, 실무적, 정책적 시사점을 논하며, 본 연구의 한계와 향후 연구 방향을 제안한다.

제2장 이론적 배경

본 장에서는 KN541 플랫폼의 '생산자-소비자 융합(생소융합)' 모델을 다각적으로 분석하기 위한 이론적 토대를 구축하고자 한다. KN541 플랫폼은 단순한 기술적 도구나 상업적 공간을 넘어, 새로운 경제적, 사회적 관계를 제안하는 복합적인 사회-기술 시스템(Socio-technical System)이다. 플랫폼의 창립 이념을 담은 저술들(정차조, 2024; 허남식, 정차조, 2025)에서 나타나듯, 그 근간에는 기존 자본주의에 대한 비판적 성찰과 대안적 공동체에 대한 지향이 깊이 내재되어 있다. 따라서 이 현상을 온전히 이해하기 위해서는 단일 이론이 아닌, 다양한 이론적 렌즈를 통해 그 특성을 조망할 필요가 있다.

이에 본 장에서는 먼저 플랫폼의 거시적 경제 환경을 이해하기 위해 공유 경제와 플랫폼 경제의 핵심 개념과 그 도전 과제를 고찰한다. 다음으로, 사용자가 새로운 기술과 혁신을 수용하는 과정을 설명하는 대표적인 이론인 기술수용모델(TAM)과 혁신확산이론(IDT)을 검토하여, KN541 플랫폼 수용에 영향을 미치는 개인의 인지적, 심리적 요인을 탐색한다. 이어서 KN541 모델의 핵심 철학인 '생소융합'을 깊이 있게 이해하기 위해, 생산과 소비의 경계가 허물어지는 현상을 설명하는 프로슈머 및 프로슈밍 이론과 가치 공동 창조 이론, 그리고 소비자의 주체적 역할을 강조하는 소비자 참여, 맞춤형 생산, 개방 혁신 이론을 논의한다.

더 나아가, KN541 플랫폼이 추구하는 대안적 가치를 분석하기 위해 플랫폼 협동조합주의, 이해관계자 자본주의와 ESG 패러다임, 선물 경제, 협동 소비, 녹색 소비 이론을 순차적으로 검토한다. 마지막으로, 본 연구의 최종 종속변수인 지속적 이용 의향에 영향을 미치는 핵심 심리적 메커니즘을 설명하는 이론들을 고찰함으로써, 연구 모형의 이론적 정당성을 확보하고자 한다. 이와 같은 다층적이고 통합적인 이론적 고찰은 KN541 플랫폼의 혁신성을 규명하고 사용자 수용 과정을 실증적으로 분석하기 위한 견고한 이론적 기틀을 제공할 것이다.

제1절 | 공유 경제(Sharing Economy)

1. 개요

공유 경제(Sharing Economy)는 개인이 소유하고 있지만 충분히 활용되지 않는 유휴 자산(idle assets)을 디지털 플랫폼을 통해 타인과 공유하여 새로운 가치를 창출하고 효율성을 극대화하는 경제 모델을 의미한다. 여기서 '유휴 자산'은 자동차, 빈방과 같은 물리적 자산뿐만 아니라, 개인의 재능, 시간, 지식 등 모든 형태의 무형 자원을 포괄하는 개념이다. 공유 경제의 핵심 철학은 '소유(ownership)'에서 '접근(access)'으로의 패러다임 전환에 있다. Botsman과 Rogers(2010)는 이를 "소유권보다 접근권을 중시하는 경제적 활동 시스템"으로 명확히 정의하며, 자산을 영구히 소유하는 것보다 필요할 때 접근하여 사용할 수 있는 권한을 더 가치 있게 여기는 현대적 소비 관념을 설명한다.

이러한 경제 모델이 성공적으로 작동하기 위해서는 거래에 참여하는 낯선 개인들 간의 신뢰 구축과 거래 비용 절감이 필수적이다. 디지털 플랫폼은 평판 시스템, 안전 결제, 실시간 매칭 등의 기능을 통해 이 두 가지 핵심 요소를 해결하는 결정적인 역할을 수행한다. 국내 연구에서도 경제적 이익이나 편의성 외에도, 참여자 간의 상호 신뢰와 투명한 평판 시스템이 한국 공유 경제 플랫폼의 성공에 결정적인 역할을 하는 것으로 나타났다(김성훈, 김용문, 2018).

결론적으로 공유 경제의 핵심 특성은 ① 유휴 자산의 활용, ② 접근권의 가치화, ③ 플랫폼을 통한 중개, ④ 상호 신뢰 기반의 거래, ⑤ 지속가능성 추구 등으로 요약할 수 있다. 디지털 기술, 특히 스마트폰과 소셜 네트워크의 발전은 개인 간(P2P) 거래를 극적으로 용이하게 만들었고, 이는 공유 경제의 규모와 사회적 영향력을 급속히 확대시키는 기폭제가 되었다.

2. 핵심 내용

공유 경제에 대한 학술적 논의는 그 개념과 사회적 함의를 중심으로 심도 있게 발전해 왔다. Lessig(2008)은 공유 경제를 '접근 권한의 공유'라는 관점에서 설명하며, 디지털 기술이 이러한 공유를 촉진하는 핵심 동인이라고 분석했다. 그는 특히 공유 경제에서는 금전적 보상뿐만 아니라 사회적 관계 형성, 명성, 자기실현과 같은 비금전적 동기가 참여를 이끌어 내는 중요한 요인으로 작용한다고 주장했다.

Belk(2014)는 온라인 플랫폼 중심의 공유 경제 형태를 심층적으로 분석하며, 소비자들이 단순히 경제적 이익을 넘어 공유를 통해 얻는 사회적 경험과 만족감에 주목했다. 그는 신뢰와 평판 시스템이 어떻게 낯선 사람들 간의 거래를 가능하게 하는 사회적 자본으로 기능하는지를 강조하며, 이것이 공유 경제 성공의 핵심 메커니즘임을 역설했다.

그러나 공유 경제는 자원 효율성 증대와 지속 가능한 소비 촉진이라는 긍정적 측면과 동시에, 기존 산업과의 마찰, 노동권 보호 문제, 규제 회피 등 다양한 사회적 도전 과제를 제기한다. Schor(2016)는 공유 경제가 가진 잠재적 사회 변혁 가능성을 긍정적으로 평가하면서도, 거대 플랫폼 기업의 독점화가 진행될 경우 이것이 기존 경제 체제의 불평등을 오히려 강화하고 불안정 노동을 확산시킬 수 있다는 비판적 시각을 제시했다.

KN541 플랫폼은 이러한 전통적인 공유 경제 개념을 한 단계 발전시킨 형태를 지향한다. 기존 공유 경제가 주로 유휴 자산의 '활용'에 초점을 맞춘다면, KN541은 소비자가 생산 과정에 직접 '참여'하고 그로부터 발생하는 경제적 '가치'까지 공유하는 더욱 적극적이고 발전된 형태의 공유 모델을 추구한다. 이는 단순히 자산을 공유하는 것을 넘어, 생산 수단과 그로부터 파생되는 이익을 공유하는 개념으로 확장됨을 의미한다. 2025년 6월에 출시된 KN541 샵(SHOP)과 KN541 몰(MALL)은 이러한 철학(정차조, 2024)을 바탕으로 신뢰 구축과 커뮤니티 형성이라는 공유 경제의 핵심 요소들을 포괄하며 새로운 경제 패러다임을 구현하고자 한다.

제2절 | 기술수용모델(TAM)

1. 개요

기술수용모델(Technology Acceptance Model, TAM)은 사용자가 새로운 정보 기술을 수용하는 과정을 설명하는 가장 대표적이고 영향력 있는 이론 중 하나로, Fishbein과 Ajzen의 합리적 행위 이론(Theory of Reasoned Action, TRA)에 이론적 근거를 두고 Davis(1989)에 의해 개발되었다. 이 모델은 기술 수용에 영향을 미치는 핵심적인 인지적 요인으로 '지각된 유용성(Perceived Usefulness)'과 '지각된 사용 용이성(Perceived Ease of Use)'이라는 두 가지 변수를 제시한다.

'지각된 유용성'은 특정 기술을 사용함으로써 자신의 업무 성과나 삶의 질이 향상될 것이라는 개인의 주관적인 믿음의 정도를 의미하며, '지각된 사용 용이성'은 그 기술을 사용하는 것이 특별한 노력 없이 쉬울 것이라는 믿음의 정도를 의미한다. TAM의 기본 구조에서 지각된 사용 용이성은 지각된 유용성에 긍정적인 영향을 미치며, 이 두 변수는 기술에 대한 태도(Attitude)를 형성하고, 이는 최종적으로 사용 의도(Intention to Use)로 이어진다.

TAM의 핵심 특성은 첫째, 복잡한 인간의 행동을 소수의 핵심 인지적 변수를 통해 간결하게 설명한다는 점, 둘째, 다양한 정보 기술 분야에서 높은 설명력과 예측력을 일관되게 보여 준다는 점, 셋째, 외부 변수(External Variables)를 추가하여 다양한 상황과 맥락에 맞게 모델을 확장할 수 있는 유연성을 가진다는 점이다. 이러한 특성으로 인해 TAM은 지난 수십 년간 수많은 후속 연구의 이론적 기반으로 널리 활용되어 왔다.

2. 핵심 내용

TAM은 간결하고 설명력이 높아 널리 사용되었으나, 기술 수용에 영향을 미치는 다양한 사회적, 개인적, 상황적 요인들을 포괄하지 못한다는 한계에 직면했다. 이러한 한계를 극복하기 위해 다양한 확장 모델이 제시되었다. 대표적으로 Venkatesh와 Davis(2000)는 TAM2를 통해 주관적 규범, 이미지와 같은 사회적 영향 과정과 결과 명확성, 업무 관련성 등 인지적 도구 과정을 추가하여 '지각된 유용성'에 영향을 미치는 선행 요인들을 보다 정교하게 규명하였다.

더 나아가 Venkatesh 등(2003)은 TAM을 포함한 8개의 주요 기술 수용 관련 이론(TRA, TAM, MM, TPB, C-TAM-TPB, MPCU, IDT, SCT)을 통합하여 통합기술수용이론(Unified Theory of Acceptance and Use of Technology, UTAUT)을 제시했다. UTAUT는 성과 기대(Performance Expectancy), 노력 기대(Effort Expectancy), 사회적 영향(Social Influence), 촉진 조건(Facilitating Conditions)이라는 네 가지 핵심 변수와 성별, 연령, 경험, 자발성과 같은 조절 변수를 통해 기술 수용 의도를 종합적으로 설명하며, 기존 모델들보다 월등히 높은 설명력(약 70%)을 보여 주었다.

특히, 전자상거래와 같이 불확실성이 높고 대면 상호작용이 없는 온라인 환경에서는 '신뢰(Trust)'가 기술 수용의 결정적인 변수로 부상했다. Gefen 등(2003)은 전자상거래 환경에서 플랫폼(온라인 상점)에 대한 소비자의 신뢰가 구매 의도에 중요한 영향을 미친다는 것을 실증적으로 보여 주며, TAM에 신뢰 변수를 통합하는 모델의 중요성을 입증했다.

본 연구는 KN541 플랫폼이 단순한 기술적 도구를 넘어, 그 철학과 비전에 대한 공감을 기반으로 하는 사회-기술 시스템이라는 점에 주목한다. 따라서 전통적인 TAM의 '지각된 유용성' 개념을 포괄하여, KN541이 제공하는 경제적·사회적 혜택에 대한 전반적인 긍정적 평가를 '이용 만족도'로 구체화하였다. 이와 더불어, 플랫폼 운영 주체와 그 비전에 대한 사용자의 믿음을 나타내는 '플랫폼 신뢰도'를 또 다른 핵심적인 태도 변수로 설정하여 기존 TAM을 확장하였다. 이는 KN541과 같은 가치 기반 플랫폼의 수용 과정을 설명하는 데 있어 기능적 측면뿐만 아니라 관계적, 신뢰적 측면이 매우 중요함을 반영한 것이다.

제3절 | 혁신확산이론(IDT)

1. 개요

혁신확산이론(Innovation Diffusion Theory, IDT)은 Rogers(1962)에 의해 정립된 이론으로, 새로운 아이디어나 기술, 제품과 같은 '혁신(innovation)'이 특정 사회 시스템 내에서 다양한 채널을 통해 시간에 따라 전파되고 수용되는 과정을 설명하는 거시적 관점의 이론이다. 이 이론은 혁신의 채택 속도에 영향을 미치는 5가지 주요 특성, 즉 ① 기존의 것을 대체함으로써 얻는 상대적 이점(Relative Advantage), ② 기존의 가치, 경험, 필요와의 일치 정도인 호환성(Compatibility), ③ 이해하고 사용하기 어려운 정도인 복잡성(Complexity), ④ 제한적으로 시험해 볼 수 있는 정도인 시험 가능성(Trialability), ⑤ 혁신의 결과를 다른 사람이 볼 수 있는 정도인 관찰 가능성(Observability)을 제시한다.

또한, IDT는 혁신을 수용하는 시점에 따라 사회 구성원을 혁신가(Innovators), 조기 수용자(Early Adopters), 조기 다수 수용자(Early Majority), 후기 다수 수용자(Late Majority), 지각 수용자(Laggards)의 다섯 가지 유형으로 분류한다. 이 과정에서 개인의 '혁신성(Innovativeness)'을 새로운 아이디어를 다른 구성원보다 상대적으로 더 일찍 채택하는 정도로 정의하며, 거시적인 확산 과정과 개인 수준의 수용 결정을 연결하여 설명한다. 이러한 특성으로 인해 IDT는 다양한 분야에서 혁신의 수용 및 확산 과정을 이해하는 데 중요한 이론적 틀을 제공해 왔다.

2. 핵심 내용

IDT는 개인 수준의 혁신 수용 결정을 설명하는 데 중요한 통찰을 제공한다. Tornatzky와 Klein(1982)이 수행한 메타 분석 연구에 따르면, 혁신의 5가지 특성 중에서도 특히 호환성, 상대적 이점, 복잡성이 혁신 채택과 가장 일관되고 유의미한 관계를 보이는 것으로 나타났다. 이는 개인이 주관적으로 인식하는 혁신의 속성이 수용 결정에 매우 중요하다는 것을 실증적으로 보여 준다.

정보 기술 분야에서 Rogers의 이론을 발전시킨 연구들도 활발히 진행되었다. Moore와 Benbasat(1991)은 Rogers의 이론을 바탕으로 정보기술 혁신 채택에 대한 개인의 인식을 측정하는 정교한 도구(FCI: Perceptions of Adopting an IT Innovation)를 개발하면서, 기존 5가지 특성에 더하여 이미지(Image), 자발성(Voluntariness)과 같은 사회적, 심리적 차원을 추가하여 이론을 확장했다.

개인의 내재적 성향으로서 혁신성은 새로운 기술에 대한 태도 형성에 중요한 역할을 한다. Agarwal과 Prasad(1998)는 IT 분야에 특화된 '정보기술에 대한 개인의 혁신성(Personal Innovativeness in the domain of Information Technology)'이라는 개념을 제시하며, 이 특성이 불확실성이 높은 새로운 기술에 대한 긍정적 태도와 수용 의도를 예측하는 중요한 선행 변수임을 밝혔다. 즉, 개인의 혁신성이 높을수록 새로운 기술을 탐색하고 시도하려는 경향이 강하다는 것이다.

한편, Greenhalgh 등(2004)은 혁신 확산이 단순히 혁신의 특성이나 개인의 성향에 의해서만 결정되는 것이 아니라, 조직의 구조, 사회적 네트워크, 외부 환경 등 다층적인 요인들의 복합적인 상호작용의 결과임을 강조하며 시스템적 관점의 필요성을 제기했다.

본 연구의 핵심 독립변수 중 하나인 '디지털 혁신성'은 이러한 Agarwal

과 Prasad(1998)의 개인 혁신성 개념에 이론적 뿌리를 두고 있다. 이는 새로운 디지털 서비스에 대한 개인의 개방성과 수용성이 KN541과 같이 기존에 없던 새로운 개념의 플랫폼을 이해하고 수용하는 데 중요한 선행 요인으로 작용할 것임을 시사한다.

제4절 | 프로슈머와 프로슈밍 이론

1. 개요

프로슈머(Prosumer)는 미래학자 앨빈 토플러(Toffler, 1980)가 그의 저서 『제3의 물결』에서 생산자(Producer)와 소비자(Consumer)의 합성어로 처음 제시한 개념이다. 토플러는 산업사회에서 명확하게 분리되었던 생산과 소비의 경계가 정보사회에서는 다시 통합될 것이라고 예측하면서, 소비자가 수동적인 구매자를 넘어 직접 생산에 참여하거나 자가 생산을 통해 자신의 필요를 충족시키는 새로운 형태의 경제 주체를 '프로슈머'라고 명명했다. 프로슈밍(Prosuming)은 이러한 프로슈머의 생산과 소비가 결합된 활동 그 자체를 가리키는 개념이다.

초기 프로슈머 이론은 소비자의 역할 확대와 권한 강화라는 긍정적 잠재력에 주목했다. 그러나 Web 2.0 시대에 접어들면서, 사용자의 자발적이고 무급으로 이루어지는 활동이 플랫폼 기업의 막대한 이윤으로 직결되는 현상에 대한 비판적 논의가 부상했다. 소셜 미디어, 온라인 게임, 검색엔진 등에서 소비자들이 콘텐츠를 생산하고 데이터를 제공하면서 동시에 소비하는 현상이 보편화되면서(Ritzer & Jurgenson, 2010), 이러한 활동이 사실상 기업을 위한 '디지털 노동(Digital Labor)'이며 그 가치가 정당한 보상 없이 착취되고 있다는 문제가 제기된 것이다. 프로슈머 이론의 핵심 특성은 ① 생산과 소비의 경계 붕괴, ② 사용자의 무급 활동을 '디지털 노동'으로 규정, ③ 플랫폼 자본주의하에서의 가치 착취 문제 제기, ④ 사용자의 기여가 기업의 이윤으로 전환되는 메커니즘 분석 등으로 요약할 수 있다.

2. 핵심 내용

Web 2.0 기술의 확산과 함께 프로슈머의 활동은 더욱 다양화되고 심화되었다. Tapscott과 Williams(2006)는 사용자들이 기업의 제품 개발, 마케팅, 서비스 개선 과정에 적극적으로 참여하는 '참여형 프로슈머'의 등장을 긍정적으로 평가했다. 또한, 유튜브나 블로그 등에서 직접 콘텐츠나 제품을 생산하여 다른 소비자들과 공유하는 '창작형 프로슈머'와 제품 및 서비스에 대한 평가와 피드백을 제공함으로써 시장에 영향력을 행사하는 '비판형 프로슈머(Bruns, 2008)'가 새로운 경제 주체로 부상했다.

그러나 이러한 현상의 이면에는 비판적 시각이 존재한다. Ritzer와 Jurgenson(2010)은 페이스북, 유튜브와 같은 플랫폼에서 사용자들이 수행하는 콘텐츠 제작, '좋아요' 클릭, 데이터 공유 등의 활동이 사실상 플랫폼의 이윤 창출을 위해 무급으로 노동력을 제공하는 것이라고 분석하며, 이러한 경제 구조를 '프로슈머 자본주의(Prosumer Capitalism)'라 명명했다. Fuchs(2014)는 한 걸음 더 나아가 마르크스주의적 관점에서 '디지털 노동(Digital Labor)' 개념을 통해, 소셜 미디어 사용자들이 수행하는 인지적, 정서적 노동이 어떻게 자본에 의해 착취되는지를 심도 있게 분석했다. 또한, Zwick 등(2008)은 기업이 내세우는 '가치 공동 창조'라는 담론이 실제로는 소비자의 노동력을 무급으로 활용하려는 새로운 통치 전략(Governmentality)일 수 있다고 경고했다.

이러한 비판적 논의의 핵심은 사용자들이 플랫폼의 성장에 핵심적인 기여를 하지만, 그에 대한 정당한 경제적 보상을 받지 못한다는 가치 배분의 불평등 문제이다.

KN541의 생소융합 모델은 이러한 프로슈머 자본주의의 착취 문제를 정면으로 해결하려는 대안적 시도로 해석될 수 있다. KN541 플랫폼은 자가쇼핑몰, GreenT 보상 시스템, 사전 예약 구매를 통한 이익 공유 등 구체적인 메커니즘을 통해 사용자의 참여를 명시적인 '디지털 노동'으로 인정하고, 그 기여에 대한 직접적인 경제적 보상을 제공한다(정차조 외, 2025). 이는 기존 프로슈머가 주로 제품 개발이나 콘텐츠 생산에 참여하는 데 그쳤다면, KN541은 소비자가 플랫폼의 경제적 성과까지 공유하는 한 단계 더 진화된, 이른바 '주주형 프로슈머' 모델을 제시한다는 점에서 중요한 차별성을 가진다.

제5절 | 가치 공동 창조 이론

1. 개요

가치 공동 창조(Value Co-creation) 이론은 기업이 일방적으로 가치를 만들어 소비자에게 전달하던 전통적인 관점에서 벗어나, 소비자가 더 이상 수동적인 가치 수용자가 아니라 기업과 함께 적극적으로 가치를 창조하는 능동적인 파트너라고 보는 관점이다. Prahalad와 Ramaswamy(2004)에 의해 주창된 이 개념은, 기업과 소비자 간의 지속적인 상호작용과 협력을 통해 양자 모두에게 새로운 가치가 생성되는 과정을 설명한다. 이는 대중의 자발적 참여와 집단적 협업이 혁신과 새로운 경제적 가치를 창출한다는 '위키노믹스(Wikinomics, Tapscott & Williams, 2006)의 아이디어와도 맥을 같이 한다.

가치 공동 창조 이론의 핵심 특성은 첫째, 소비자를 수동적 객체가 아닌 능동적 가치 창조의 주체로 인식의 전환을 요구한다는 점이다. 둘째, 일방적인 마케팅 메시지 전달이 아닌, 기업과 소비자 간의 개방적이고 지속적인 상호작용과 대화를 강조한다는 점이다. 셋째, 모든 소비자에게 동일한 가치를 제공하는 것이 아니라, 공동 창조 과정을 통해 개별 소비자에게 맞춰진 독창적인 경험의 가치를 중시한다는 점이다. 넷째, 최종 목표는 단순히 제품을 판매하는 것이 아니라, 새로운 가치를 지속적으로 창출하기 위한 협력적 관계 형성에 있다는 점이다.

2. 핵심 내용

가치 공동 창조는 소비자가 제품 개발, 서비스 디자인, 마케팅 등 기업 활동의 다양한 단계에 직접 참여하는 것을 포함한다. Tapscott과 Williams(2006)는 리눅스나 위키피디아의 사례를 통해, 대중의 집단 지성이 어떻게 소수의 전문가 집단을 능가하는 혁신을 이끌어 내는지를 구체적으로 보여 주었다. 이러한 관점은 앞서 논의한 프로슈머 활동을 비판적인 '착취'의 관점이 아닌, 긍정적인 '협력'의 관점에서 재조명한다. 즉, 소비자의 참여는 기업에게는 혁신의 원천과 고객 충성도 확보를, 소비자에게는 맞춤화된 경험과 심리적 만족감을 제공하는 '윈-윈(win-win)' 전략으로 간주된다.

또한, 가치 공동 창조 활동은 단순히 기능적 가치를 창출하는 것을 넘어, 참여자들 간의 사회적 유대를 강화하고 공동의 정체성을 형성하는 기반이 되기도 한다. Cova 등(2007)이 제시한 '소비자 부족(Consumer Tribes)' 개념처럼, 특정 브랜드나 가치를 중심으로 모인 소비자들이 함께 공동 창조 활동을 하며 강력한 공동체 의식을 형성하는 현상이 나타난다.

KN541 플랫폼의 생소융합 모델은 이러한 가치 공동 창조 이론을 비즈니스 모델의 핵심에 깊이 내재화한 사례로 볼 수 있다. KN541은 사용자들을 단순히 제품을 구매하는 고객으로 보는 것을 넘어, 플랫폼의 가치를 함께 만들어 가는 파트너임을 명시적으로 선언한다. 더 나아가, 플랫폼 가치 창출에 대한 기여도에 따라 GreenT 가상 자산과 배당을 통해 경제적 이익을 공유함으로써, 가치 공동 창조의 개념을 실질적인 '이익 공동 창조'의 수준으로 끌어올린다. 이는 사용자들이 플랫폼에 대한 심리적 주인의식을 갖고 강력한 공동체를 형성하도록 유도하는 핵심 전략으로 볼 수 있다.

제6절 | 플랫폼 경제

1. 개요

플랫폼 경제는 디지털 플랫폼을 매개로 생산자, 소비자 등 다수의 이해관계자를 연결하여 상호작용을 촉진하고, 이를 통해 새로운 시장과 가치를 창출하는 현대 경제의 핵심 패러다임이다. 플랫폼의 성공은 사용자가 많아질수록 그 가치가 기하급수적으로 증가하는 '네트워크 효과(Network Effects)'에 달려 있으며, 이 효과를 촉발시키는 근본적인 동력은 활발한 '사용자 참여(User Participation)'이다. 그러나 데이터 독점과 가치의 편중을 특징으로 하는 '플랫폼 자본주의(Platform Capitalism, Srnicek, 2016)'와 사용자의 행동 데이터를 상품화하여 예측하고 통제하는 '감시 자본주의(Surveillance Capitalism, Zuboff, 2019)'의 등장은 플랫폼과 사용자 간의 '신뢰(Trust)'를 심각하게 훼손하는 결과를 낳았다.

이로 인해 현대 플랫폼 경제는 네트워크 효과를 통한 성장을 지속하면서도, 어떻게 사용자의 신뢰를 회복하고 실질적인 '만족(Satisfaction)'을 제공하여 장기적인 지속가능성(Sustainability)을 확보할 것인가라는 근본적인 도전에 직면해 있다. 플랫폼 경제의 핵심 특성은 ① 사용자 참여 기반의 네트워크 효과를 통한 가치 창출, ② 다수 이해관계자를 연결하는 중개 기능, ③ 데이터 독점과 감시 자본주의로 인한 사용자 신뢰의 위기, ④ 신뢰 회복과 지속가능성 확보라는 시대적 과제 등으로 요약할 수 있다.

2. 핵심 내용

Parker, Van Alstyne, Choudary(2016)가 역설했듯이, 플랫폼 비즈니스의 본질은 기업 내부에서 가치를 만드는 전통적인 파이프라인 모델과 달리, 외부 생산자와 소비자의 상호작용, 즉 사용자 참여를 통해 가치를 공동으로 창출하는 데 있다. Rochet과 Tirole(2003)의 '양면 시장(Two-Sided Markets)' 이론 역시 플랫폼이 서로 다른 두 사용자 그룹(예: 신용카드 사용자와 가맹점) 간의 참여를 어떻게 효과적으로 촉진하고 교차 네트워크 효과를 관리하는지가 성공의 핵심임을 밝혔다.

그러나 플랫폼 경제의 폭발적인 성장은 어두운 그림자를 동반했다. Srnicek(2016)이 비판한 '플랫폼 자본주의'는 데이터를 사적으로 독점하고 그로부터 창출된 가치를 소수의 주주와 경영진에게 집중시켰으며, Zuboff(2019)가 경고한 '감시 자본주의'는 사용자의 데이터를 동의 없이 활용하여 미래 행동을 예측하고 통제하는 수준에 이르렀다. 이러한 데이터 착취와 불투명한 알고리즘 운영은 필연적으로 플랫폼과 사용자 간의 신뢰 관계를 붕괴시키는 결과를 낳았고, 이는 플랫폼의 장기적인 지속가능성을 위협하는 가장 큰 위험 요인으로 부상했다.

또한, Kenney와 Zysman(2016)이 지적한 '긱 경제(Gig Economy)'의 확산은 플랫폼에 소속된 노동자들의 고용 불안정을 심화시키며 이들의 만족도를 저하시키는 주요 요인으로 작용했다. 따라서 현대 플랫폼 경제의 핵심 과제는 단순히 네트워크 효과를 극대화하는 것을 넘어, 붕괴된 신뢰를 회복하고 모든 참여자에게 공정한 가치를 제공하여 만족도를 높이는 것이다.

KN541 플랫폼은 바로 이러한 현대 플랫폼 경제의 도전에 대한 하나의 응답으로 볼 수 있다. '50/40/10'이라는 명시적인 가치 공유 원칙과 투명성을 통해 사용자 신뢰를 회복하고, 실질적인 경제적 보상을 통해 만족도를 높임으로써 기존 플랫폼 자본주의 모델의 한계를 극복하려는 대안적 실험이라는 점에서 중요한 연구적 함의를 가진다.

제7절 | 플랫폼 협동조합주의: 대안적 플랫폼 모델

1. 개요

플랫폼 협동조합주의(Platform Cooperativism)는 Trebor Scholz(2016)가 제시한 개념으로, 소수의 주주와 투자자가 플랫폼을 독점하고 이익을 독차지하는 '플랫폼 자본주의'의 착취적 측면에 대한 구체적인 대안 모델로 등장했다. 이는 우버(Uber)나 에어비앤비(Airbnb)와 같은 플랫폼의 기술적 장점과 효율성은 그대로 활용하되, 플랫폼의 소유권과 운영(거버넌스)을 플랫폼에 참여하여 실질적으로 가치를 창출하는 노동자나 사용자가 공동으로 소유하고 민주적으로 통제하는 모델을 의미한다.

본질적으로 이는 국제협동조합연맹(ICA)이 제시한 '조합원에 의한 민주적 통제'와 '조합원의 경제적 참여'라는 핵심 원칙을 디지털 플랫폼 환경에서 구현하려는 시도이다. 플랫폼 협동조합주의는 더 공정하고 민주적인 인터넷과 미래의 노동을 위한 새로운 사회경제적 비전을 제시한다. 그 핵심 특성은 ① 참여자에 의한 공동 소유와 민주적 통제, ② 160년 역사의 협동조합 원칙을 디지털 환경에 적용, ③ 거대 플랫폼의 독점과 착취에 저항하는 대안적 성격, ④ 불안정 노동 문제에 대한 해결책으로 공정하고 지속가능한 노동 생태계 구축 지향 등으로 요약할 수 있다.

2. 핵심 내용

플랫폼 협동조합주의는 다양한 대안적 경제 이론 및 사회 운동과 그 맥을 같이 한다. Michel Bauwens와 Vasilis Kostakis(2014)는 '오픈 협동조합주의(Open Cooperativism)' 개념을 통해, 플랫폼 협동조합이 리눅스나 위키피디아처럼 인류의 공동 지적 자산인 '디지털 커먼즈(digital commons)'를 기반으로 지식과 자원을 공유하고, 이를 통해 더욱 지속가능하고 윤리적인 시장을 창출할 수 있다고 주장했다. 또한, De Peuter와 Dyer-Witheford(2010)는 전통적인 노동자 협동조합을 노동자들이 자신들의 노동력을 공동으로 관리하고 보호하는 '노동 커먼즈(labour commons)'의 한 형태로 보고, 자본주의 체제에 대한 저항과 적응의 이중적 성격을 갖는다고 분석하며 협동조합 운동과 커먼즈 운동의 연대 가능성을 탐색했다.

플랫폼 협동조합주의는 특히 '긱 경제'의 확산으로 인해 고용 불안정과 열악한 노동 조건에 놓인 노동자들에게 중요한 대안으로 주목받는다. Guy

Standing(2017)이 '프레카리아트(Precariat)'라고 명명한 이 불안정 노동 계층에게 플랫폼 협동조합은 거대 플랫폼의 일방적인 알고리즘 통제에서 벗어나 자신들의 노동에 대한 통제권을 되찾고, 수익을 공정하게 공유함으로써 보다 안정적인 소득을 확보할 수 있는 구체적인 수단을 제공할 수 있다. 음식 배달 라이더들이 만든 협동조합인 쿱사이클(CoopCycle)과 같은 사례는 플랫폼 협동조합이 오픈소스 소프트웨어라는 디지털 커먼즈를 활용하여 거대 자본에 맞서는 대안적인 노동 생태계를 실제로 어떻게 구축하는지를 보여 주는 좋은 예이다(Papadimitropoulos, 2022).

KN541 플랫폼은 법적 형태가 협동조합은 아니지만, 그 운영 철학과 지향점에서 플랫폼 협동조합주의의 핵심 정신을 공유한다. 플랫폼의 가치와 수익을 핵심 참여자인 소비자에게 공유하고, 소비자 주권을 강조하며, 공동체적 운영을 지향한다는 점에서(정차조 외, 2025), 플랫폼 협동조합주의가 추구하는 가치와 철학을 실천하는 새로운 형태의 대안적 모델로 이해할 수 있다.

제8절 | 이해관계자 자본주의와 ESG 패러다임

1. 개요

이해관계자 자본주의(Stakeholder Capitalism)는 기업의 존재 목적을 단기적인 주주 이익 극대화를 넘어, 기업 활동에 영향을 받거나 영향을 미치는 모든 이해관계자(직원, 고객, 공급업체, 지역 사회, 환경 등)를 위한 장기적 가치 창출로 확장하는 경제 철학이다. 이 개념의 창시자로 알려진 R. Edward Freeman(1984)은 기업이 주주뿐만 아니라 모든 이해관계자의 이익을 균형 있게 고려해야만 지속가능한 성장을 이룰 수 있다고 주장하며, 밀턴 프리드먼으로 대표되는 '주주 자본주의(Shareholder Capitalism)'에 정면으로 도전했다.

오랜 기간 비주류로 여겨졌던 이 개념은, 2019년 미국의 주요 기업 CEO 협의체인 비즈니스 라운드테이블(BRT)이 "기업의 목적은 주주를 위한 이익 극대화"라는 기존의 원칙을 폐기하고 "모든 이해관계자를 위한 가치 창출"을 새로운 목표로 선언하면서 기업 경영의 주류 패러다임으로 부상하는 결정적 계기를 맞았다.

이해관계자 자본주의의 핵심 특성은 첫째, 기업 목적의 확장(재무적 성과를 넘어 사회적, 환경적 가치 창출 포함), 둘째, 다자간 이익의 균형 추구, 셋째, 단기 이익이 아닌 장기적 관점의 지속가능성 목표, 넷째, 이를 실현하기 위한 구체적 실행 프레임워크로서의 ESG 경영과의 필연적 연계 등이다.

2. 핵심 내용

이해관계자 자본주의는 최근 기후 위기, 사회적 불평등 심화 등 전 지구적 문제에 대한 우려가 커지면서 자본주의의 지속가능한 대안으로 다시금 주목받고 있다. 세계경제포럼(WEF)은 2020년 '다보스 선언'을 통해 이해관계자 자본주의를 4차 산업혁명 시대의 보편적 기업 목표로 제시했으며, 창립자인 클라우스 슈밥(Klaus Schwab, 2021)은 팬데믹 이후 시대의 새로운 사회 계약 기반으로 그 중요성을 역설하며 글로벌 핵심 의제로 부상시켰다.

이러한 거시적 흐름은 기업 경영의 실질적인 변화로 이어지고 있으며, 환경(Environment), 사회(Social), 거버넌스(Governance)를 포괄하는 ESG 경영 패러다임의 전 세계적 확산이 그 대표적인 예이다. ESG는 기업이 환경을 어떻게 보호하고, 사회적 책임을 어떻게 다하며, 투명하고 윤리적인 지배구조를 갖추고 있는지를 평가하는 비재무적 성과 지표로, 투자자들이 기업의 지속가능성을 판단하는 핵심 기준으로 자리 잡았다.

학계에서도 이해관계자 이론은 지속적으로 발전해 왔다. Mitchell, Agle, Wood(1997)는 '이해관계자 중요성(Stakeholder Salience)' 모델을 통해, 기업 관리자가 수많은 이해관계자의 요구 중 누구에게 우선적으로 주목해야 하는지를 판단하는 기준으로 권력(Power), 정당성(Legitimacy), 긴급성

(Urgency)이라는 세 가지 속성을 제시했다. 최근에는 Hart와 Zingales(2017)가 주주들이 단순한 금전적 이익뿐만 아니라 사회적, 환경적 가치에도 관심을 가지는 '친사회적(prosocial)' 선호를 가지므로, 기업이 주주들의 이러한 선호를 경영에 적극 반영하여 모든 이해관계자의 복지를 고려해야 한다고 주장하며 이론을 더욱 발전시켰다.

KN541 플랫폼은 그 철학과 운영 방식에서 이해관계자 자본주의와 ESG 원칙을 깊이 내재화하고 있다. 소비자를 단순한 고객이 아닌 플랫폼 가치 창출의 핵심 파트너이자 성과 공유의 주체로 인식하는 것(Social), 그리고 '지구 사랑'을 모토로 환경적 가치를 비즈니스 모델의 중심에 두는 것(Environment)은(허남식, 정차조, 2025) 이러한 새로운 자본주의 패러다임의 구체적인 실천이라 할 수 있다.

제9절 | 선물 경제(Gift Economy)

1. 개념

선물 경제(Gift Economy)는 재화나 서비스를 즉각적인 금전적 대가나 명시적인 계약 없이 주고받는 경제 체제를 의미한다. 일반적인 시장 경제가 가격 메커니즘에 기반한 등가 교환을 원칙으로 하는 반면, 선물 경제에서는 재화나 서비스가 '선물'의 형태로 제공되며, 주고받는 행위 자체에 사회적 의미와 가치가 부여된다. 따라서 선물 경제는 단순한 물건의 교환을 넘어, 참여자들 간의 상호 신뢰와 유대감을 형성하고 사회적 관계를 강화하는 데 중요한 역할을 한다.

인류학자 Marcel Mauss는 그의 고전적 저서 『선물론(The Gift)』(1925/2002)에서 원시 사회의 선물 교환을 사회적 관계와 의무의 네트워크로 분석했다. 그는 선물 교환에는 '주는 의무', '받는 의무', 그리고 '답례하는 의무'라는 세 가지 사회적 의무가 수반되며, 이 순환 과정이 사회적 결속을 유지하는 핵심 메커니즘이라고 설명했다. 이러한 선물 교환 체계는 현대 사회에서도 가족, 친구, 커뮤니티 관계 속에서 여전히 중요한 역할을 하고 있다.

선물 경제의 핵심 특성은 ① 금전적 대가 없는 교환, ② 사회적 관계 구축 및 유지, ③ 장기적인 호혜성(reciprocity)에 기반한 상호작용, ④ 신뢰와 명성의 중요성 등으로 요약할 수 있다. 특히 디지털 환경에서는 지식, 정보, 콘텐츠와 같은 무형 자산의 공유를 중심으로 새로운 형태의 선물 경제가 활발하게 형성되고 있다.

2. 핵심 내용

Mauss(1925/2002)의 연구는 선물이 단순한 물건이 아니라 정치적, 종교적, 문화적 의미를 포함하는 '전체적 사회 현상(total social phenomenon)'임을 밝히며 선물 경제 연구의 기틀을 마련했다. Godbout(1998)는 이러한 논의를 현대 사회로 확장하여, 선물이 개인 간의 관계뿐만 아니라 시장 경제와 공존하며 사회 전체의 연대감을 형성하는 데 기여한다고 주장했다. Hyde(1983)는 예술과 창의성의 맥락에서 선물 경제를 분석하며, 창의적 작업이 선물로서 순환되고 공유될 때 그 가치가 증폭된다고 설명했다.

디지털 환경에서의 선물 경제는 오픈소스 소프트웨어 개발 커뮤니티, 위키피디아와 같은 집단 지성 프로젝트, 소셜 미디어에서의 콘텐츠 공유 등 다양한 형태로 나타나고 있다. Benkler(2006)는 이러한 현상을 '공유기반 동료생산(commons-based peer production)'이라고 명명하며, 디지털 환경에서 시장 논리나 위계적 조직 없이도 높은 수준의 가치가 창출되는 메커니즘을 분석했다. 그는 금전적 보상보다는 내재적 동기와 사회적 인정이 참여를 이끌어 내는 핵심 동력이라고 보았다.

KN541 플랫폼은 전통적인 시장 교환의 원리를 기반으로 하면서도, 커뮤니티 형성, 지식 공유, 상호 지원 등 선물 경제적 요소를 통합함으로써 더욱 풍부한 사용자 경험과 가치를 창출하는 방향으로 설계되고 있다. 2025년 6월에 출시된 플랫폼 모델에는 KN541 플랫폼 내에서 신뢰 구축과 호혜적 관계 형성을 통해 사용자들이 단순히 경제적 이익만을 추구하는 것이 아니라, 공동체적 가치를 공유하고 상호 협력하는 문화를 조성하는 요소들이 포함될 계획이다. 이는 경제 활동의 사회적 차원과 비금전적 가치 교환의 중요성을 강조하며, 플랫폼의 장기적인 지속 가능성에 기여할 수 있는 중요한 전략이다.

제10절 | 협동 소비(Collaborative Consumption)

1. 개요

협동 소비(Collaborative Consumption)는 소비자들이 개별적으로 소비하는 대신, 공동으로 생산, 유통, 소비 과정에 참여하여 자원을 공유하고 공동의 이익을 추구하는 경제 활동을 의미한다. 이는 소비자들이 자발적으로 협력하여 필요한 재화나 서비스를 획득하는 방식으로, 자원 공유를 통해 효율성을 높이고 공동의 이익을 추구하는 것을 목표로 한다. Botsman과 Rogers(2010)는 협동 소비를 "공유, 교환, 대여, 거래, 리스, 선물 등을 통해 소유권이 아닌 접근권을 기반으로 제품과 서비스의 혜택을 얻는 경제적 모델"로 폭넓게 정의했다.

협동 소비의 핵심 특성은 ① 자원의 효율적 활용, ② 소비자 간 직접 거래 및 협력, ③ 커뮤니티 중심의 소비 방식, ④ 지속가능성 추구, ⑤ 디지털 기술의 적극적 활용 등으로 요약할 수 있다. 특히 인터넷과 모바일 기술의 발전은 소비자들이 시공간의 제약 없이 더욱 쉽게 연결되고 협력할 수 있는 환경을 조성하여 협동 소비의 확산에 크게 기여했다.

2. 핵심 내용

협동 소비는 오랜 역사를 가진 협동조합 운동에 그 뿌리를 두고 있다. Birchall(2013)의 연구는 협동조합의 역사를 분석하며, 협동 소비가 사회적 경제의 중요한 형태임을 설명한다. 그는 민주적 거버넌스, 공동체 기반 경제 활동, 이익의 공정한 분배와 같은 협동조합 운동의 핵심 원리가 현대 협동 소비의 기본 원칙으로 계승되고 있다고 주장한다.

지속가능성 측면에서도 협동 소비의 역할은 중요하게 논의된다. Belz와 Peattie(2012)는 소비자들이 환경 친화적인 제품과 서비스를 공동으로 구매하고 소비함으로써 환경 문제 해결에 기여할 수 있다고 주장했다. 그들은 협동 소비가 자원 절약, 폐기물 감소, 에너지 효율성 향상 등 다양한 환경적 이점을 제공한다고 설명한다.

Frenken과 Schor(2017)는 공유 경제와 협동 소비의 관계 및 다양한 유형을 분석하며, 협동 소비가 가져오는 사회적, 경제적, 환경적 영향을 종합적으로 평가했다. 그들은 협동 소비가 긍정적인 사회적 영향을 미치는 동시에, 일부 부정적 결과(예: 기존 시장 교란, 노동권 약화)도 가져올 수 있음을 지적하며 균형 잡힌 시각을 제시했다.

협동 소비 참여 동기에 대한 연구도 활발하다. Hamari, Sjöklint, & Ukkonen(2016)은 실증 연구를 통해, 경제적 이익, 편리함, 지속가능성에 대한 인식, 커뮤니티 소속감 등이 주요 동기로 작용한다고 밝혔다. 특히 이 연구는 지속가능성에 대한 태도가 참여 의도에 긍정적인 영향을 미치지만, 실제 행동은 주로 경제적 이익과 편리함에 의해 동기부여된다는 중요한 발견을 제시했다.

KN541 플랫폼은 소비자들이 단순히 개별적인 소비 활동을 넘어, 공동으로 생산과 소비에 참여하고 그 가치를 공유하는 협동 소비의 원리를 비즈니스 모델의 핵심에 구현하고자 한다. 특히 2025년 6월에 출시된 KN541 샵(SHOP)의 사전 예약 구매 시스템은 소비자들이 생산 과정에 직접 참여하고 의견을 제시할 수 있는 기회를 제공함으로써 협동 소비의 원칙을 실현할 계획이다. 이러한 시스템은 자원 효율성을 높일 뿐만 아니라, 사용자들 간의 사회적 상호작용을 촉진하고 공동체적 유대감을 형성하여 플랫폼 내 사회적 자본을 축적하는 데 기여할 수 있다.

제11절 | 소비자 참여(Consumer Participation)

1. 개요

소비자 참여(Consumer Participation)는 소비자가 단순히 기업이 제공하는 제품이나 서비스를 수동적으로 구매하는 것을 넘어, 기업의 가치 창출 과정, 즉 마케팅 활동이나 제품 개발 과정에 적극적으로 관여하고 참여하는 것을 의미한다. 전통적인 시장에서 소비자의 역할이 제품을 선택하고 구매하는 것에 한정되었다면, 현대의 소비자 참여는 소비자가 가치 창출의 파트너로서 능동적이고 확장된 역할을 수행하는 것을 포괄한다.

소비자 참여는 제품 개발 단계에서의 아이디어 제공, 베타 테스트 참여, 사용 후 피드백 제공, 브랜드 커뮤니티 활동, 사용자 생성 콘텐츠(UGC) 생산 및 공유, 구전 마케팅 등 매우 다양한 형태로 나타날 수 있다. 이러한 참여는 기업과 소비자 간의 상호작용을 통해 새로운 가치를 창출하고, 소비자 만족도와 충성도를 높이는 데 결정적인 역할을 한다.

소비자 참여의 핵심 특성은 ① 소비자의 역할이 수동적 구매자에서 능동적 참여자로 변화, ② 기업과 소비자 간의 쌍방향 상호작용 강조, ③ 기업과 소비자의 공동 가치 창출, ④ 참여를 통한 소비자의 역량 강화(empowerment), ⑤ 참여 과정 자체에서 얻는 경험적 가치 등으로 요약할 수 있다. 특히 디지털 기술과 소셜 미디어의 발달은 소비자들이 시공간의 제약 없이 참여할 수 있는 통로를 제공함으로써, 소비자 참여의 범위와 깊이를 획기적으로 확대하는 데 기여했다.

2. 핵심 내용

소비자 참여에 대한 연구는 참여의 동기, 과정, 그리고 결과에 초점을 맞춰 진행되어 왔다. Arnould, Price, & Malshe(2006)는 소비자들이 브랜드 커뮤니티 활동, 제품 리뷰 작성 등 다양한 방식으로 기업 활동에 참여하며, 이 과정에서 소비자들이 보유한 경제적, 사회적, 문화적, 신체적 자원이 활용되어 소비자와 기업 모두에게 새로운 가치가 창출된다고 주장했다.

Füller, Matzler, & Hoppe(2008)는 온라인 브랜드 커뮤니티를 분석하며, 소비자들이 새로운 아이디어를 제안하고 제품 개발에 참여함으로써 기업 혁신에 중요한 역할을 수행함을 보였다. 그들은 이러한 소비자의 혁신 활동이 즐거움, 호기심과 같은 내재적 동기와 인정, 보상과 같은 외재적 동기에 의해 복합적으로 촉진된다고 설명했다.

Prahalad와 Ramaswamy(2004)는 가치 창출 과정에서 소비자의 역할 변화를 분석하며, 기업과 소비자가 함께 가치를 만들어 가는 '공동 창조(co-creation)' 개념을 제시했다. 그들은 소비자 참여가 단순한 마케팅 전략을 넘어 기업의 가치 창출 패러다임을 근본적으로 변화시키는 핵심 요소라고 주장하며, 소비자 참여 연구의 이론적 지평을 넓혔다. 또한, Schau, Muñiz, & Arnould(2009)는 브랜드 커뮤니티에서 이루어지는 소비자들의 가치 창출 활동을 소셜 네트워킹, 커뮤니티 참여, 브랜드 사용, 인상 관리 등의 구체적인 활동으로 유형화하고, 이를 통해 다양한 가치가 생성됨을 밝혔다.

KN541 플랫폼의 기획 모델에는 사용자들이 단순한 소비자를 넘어 적극적인 가치 창출의 주체로 활동할 수 있는 다양한 메커니즘이 포함되어 있다. 특히 2025년 6월에 출시된 사전 예약 구매 제도는 소비자들이 제품 기획 단계부터 참여하여 자신의 의견을 반영할 수 있는 기회를 제공하는 소비자 참여 모델의 핵심 요소이다. 이러한 적극적인 참여 모델은 소비자를 단순한 구매자가 아닌 플랫폼의 파트너로 인식하는 확장된 소비자 참여 모델의 구현을 목표로 하며, 사용자들에게 심리적 소유감과 주도성을 부여하여 높은 만족도와 장기적인 충성도를 이끌어 내는 데 기여할 수 있다.

제12절 | 맞춤형 생산(Mass-customization)

1. 개요

맞춤형 생산(Mass Customization)은 대량 생산(Mass Production)의 낮은 비용과 효율성, 그리고 맞춤형 생산(Customization)의 유연성과 고객 만족을 결합하여, 개별 소비자의 다양한 요구에 맞는 제품이나 서비스를 대량으로 생산하는 혁신적인 생산 방식을 의미한다. 이는 소품종 대량 생산을 특징으로 하는 전통적인 대량 생산 방식과 달리, 소비자의 다양한 니즈를 적극적으로 반영하면서도 규모의 경제를 통한 비용 효율성을 유지하는 새로운 생산 패러다임이다.

Pine II(1993)는 맞춤형 생산을 "개별 고객의 니즈를 충족시키는 제품과 서비스를 대량 생산의 효율성과 비슷한 수준으로 제공하는 것"으로 명확하게 정의했다. 맞춤형 생산의 성공적인 구현을 위한 핵심 특성은 ① 소비자 참여를 통한 제품 사양 결정, ② 제품의 구성 요소를 표준화하여 다양한 조합이 가능하게 하는 모듈화된 제품 설계, ③ 다양한 요구에 신속하게 대응할 수 있는 유연한 생산 시스템, ④ 소비자의 요구를 실시간으로 파악하고 생산 시스템에 반영하기 위한 정보 기술의 적극적 활용, ⑤ 효율적인 부품 조달과 생산을 위한 공급망 통합 등으로 요약할 수 있다.

2. 핵심 내용

Pine II(1993)는 시장 환경이 점점 더 분화되고 소비자의 요구가 다양화됨에 따라, 대량 생산 방식만으로는 더 이상 경쟁력을 유지하기 어렵다고 주장하며 맞춤형 생산을 새로운 경쟁 패러다임으로 제시했다.

Gilmore와 Pine II(1997)는 맞춤형 생산의 다양한 유형을 소비자의 참여 방식과 기업의 역할에 따라 '협력적(Collaborative)', '적응적(Adaptive)', '외관적(Cosmetic)', '투명한(Transparent)'의 네 가지로 체계적으로 구분했다. 이 중 '협력적 맞춤화'는 기업과 소비자가 대화를 통해 함께 제품을 설계하고 만들어 가는 방식으로, 소비자의 직접적인 참여 수준이 가장 높은 형태이다.

기술적 측면에서 Tseng와 Jiao(2001)는 맞춤형 생산을 위한 제품 설계 및 생산 시스템 구축 방법론을 제시하며, 특히 제품 플랫폼과 모듈화 설계의 중요성을 강조했다. 공통 플랫폼을 기반으로 다양한 제품 변형을 효율적으로 생산하는 방법론은 맞춤형 생산의 비용 효율성을 높이는 핵심 전략이다. 또한 Piller(2004)는 맞춤형 생산의 성공 요인으로 고객 통합, 모듈화된 제품 구조, 유연한 생산 프로세스를 제시하며, 특히 인터넷 기반 기술이 고객의 요구사항을 효율적으로 파악하고 생산 시스템에 통합하는 데 결정적인 역할을 한다고 강조했다.

KN541 플랫폼은 2025년 6월에 출시된 '사전 예약 구매' 시스템을 통해 이러한 맞춤형 생산, 특히 '협력적 맞춤화'의 원리를 적용한 것이다. 이 시스템은 소비자의 수요와 선호도를 생산 이전에 사전에 파악하여 이에 맞춰 상품을 생산하는 방식으로, 소비자의 요구가 직접 생산 계획에 반영되는 사용자 중심의 생산 모델을 구현한다. 2025년 6월 8일부터 28일까지 시범 테스트된 이 시스템은 소비자의 니즈를 효과적으로 반영하면서도 규모의 경제를 실현하여, 공급자 중심의 생산 방식에서 벗어나 사용자 중심의 유연한 생산 체계를 구축하는 데 기여할 것으로 기대된다.

제13절 | 개방형 혁신(Open innovation)

1. 개요

개방형 혁신(Open Innovation)은 기업이 혁신을 창출하는 과정에서 더 이상 내부의 연구개발(R&D) 역량에만 의존하지 않고, 외부의 아이디어, 기술, 자원을 적극적으로 활용하고 내외부의 경계를 넘나드는 지식의 흐름을 관리하는 방식을 의미한다. 이는 모든 똑똑한 사람들이 우리 회사 안에서만 일하는 것은 아니라는 인식에서 출발하며, 전통적인 폐쇄형 혁신(Closed Innovation) 모델의 한계를 극복하기 위한 새로운 패러다임이다.

Chesbrough(2003)는 개방형 혁신을 "기업이 기술 발전을 추구할 때, 내부 아이디어와 외부 아이디어를 동등하게 중요하게 여기고, 내부와 외부의 경로를 통해 시장을 개척하는 패러다임"으로 정의했다. 개방형 혁신은 외부의 지식을 내부로 가져오는 '내부지향적 개방 혁신(Inbound open innovation)'과 내부의 활용되지 않는 기술이나 아이디어를 외부로 이전하거나 사업화하는 '외부지향적 개방 혁신(Outbound open innovation)'으로 구분된다.

개방형 혁신의 핵심 특성은 ① 내·외부 지식과 기술의 통합, ② 고객, 대학, 경쟁사 등 외부 협력 파트너와의 네트워크 구축, ③ 지식 공유와 협업 문화, ④ 다양한 비즈니스 모델 실험, ⑤ 지식재산권(IP)의 전략적 관리 등으로 요약할 수 있다. 특히 디지털 기술의 발전은 지식과 정보의 공유를 촉진하여 개방형 혁신의 실행 가능성을 크게 높였다.

2. 핵심 내용

Chesbrough(2003)의 연구는 제록스(Xerox)와 같은 기업들이 어떻게 내부의 혁신적인 아이디어를 상업화하는 데 실패하고, 외부의 아이디어를 활용하는 데 성공했는지를 보여 주며 개방형 혁신의 중요성을 역설했다. West와 Gallagher(2006)는 오픈소스 소프트웨어 개발 커뮤니티의 사례를 통해, 외부의 집단 지성을 활용한 혁신 모델이 어떻게 상업적으로 성공할 수 있는지를 검증했다.

Laursen과 Salter(2006)의 연구는 기업이 얼마나 다양한 외부 지식원을 활용하는지(탐색 폭, search breadth)와 특정 지식원을 얼마나 깊이 있게 활용하는지(탐색 깊이, search depth)가 혁신 성과에 미치는 영향을 분석했다. 그들은 외부 지식원의 활용이 기업 혁신에 긍정적인 영향을 미치지만, 과도한 외부 탐색은 오히려 정보 과부하와 조정 비용을 증가시켜 성과를 저해할 수 있다는 '과도한 탐색(over search)' 현상을 발견하며 전략적 선택의 중요성을 강조했다. Enkel, Gassmann, & Chesbrough(2009)는 개방형 혁신을 외부 지식을 활용하는 내부지향적 프로세스, 내부 지식을 외부화하는 외부지향적 프로세스, 그리고 협력적 제휴와 네트워크를 통해 가치를 공동 창출하는 결합 프로세스의 세 가지 핵심 프로세스로 제시하며 분석의 틀을 정교화했다.

KN541 플랫폼은 2025년 6월에 출시된 모델에서 이러한 개방형 혁신의 원리를 적극적으로 적용한 것이다. 특히 '사전 예약 구매' 시스템은 소비자, 생산자, 그리고 플랫폼 운영자 간의 긴밀한 협업을 통해 새로운 제품과 서비스를 개발하는 개방형 혁신 환경을 제공하는 것을 목표로 한다. 이는 플랫폼이 중앙 집중적인 혁신 주체가 아니라, 분산된 사용자들의 집단 지성과 창의성을 활용하여 끊임없이 새로운 가치를 만들어 내는 동적인 생태계를 구축하는 것을 의미한다. 이를 통해 다양한 참여자들이 자신의 아이디어와 자원을 활용하여 새로운 비즈니스 기회를 창출하는 개방형 혁신의 실현을 추구한다.

제14절 | 녹색 소비(Green Consumption)

1. 개요

녹색 소비(Green Consumption)는 소비자들이 제품이나 서비스를 구매하고 사용하는 과정에서 환경에 미치는 부정적 영향을 최소화하고, 사회적 책임을 고려하며, 지속 가능한 자원 활용을 추구하는 소비 행태를 의미한다. 이는 단순히 친환경 인증 마크가 붙은 제품을 선택하는 것을 넘어, 제품의 생산, 유통, 사용, 폐기에 이르는 전 과정(life-cycle)을 고려하고, 불필요한 소비 자체를 줄이거나 대안적인 소비 방식을 추구하는 것까지 포함하는 포괄적인 개념이다(Peattie, 2010).

녹색 소비의 핵심 특성은 ① 환경 영향 최소화, ② 자원 효율성 추구, ③ 지속 가능한 생산과 소비 지향, ④ 생산 과정에서의 사회적 책임(노동 인권 등) 고려, ⑤ 제품 수명 주기 전체에 대한 인식 등으로 요약할 수 있다. 특히 기후 변화와 같은 환경 문제에 대한 사회적 인식이 높아지고 관련 정보에 대한 접근성이 향상되면서, 소비자들의 녹색 소비 실천을 촉진하는 중요한 사회적 동력이 형성되고 있다.

2. 핵심 내용

녹색 소비에 대한 연구는 소비자들이 녹색 제품을 선택하는 동기와 장벽, 그리고 녹색 마케팅 전략을 중심으로 이루어져 왔다. Peattie(2010)는 소비자들이 녹색 제품을 선택하는 데 환경적 영향에 대한 인식, 개인적 가치, 사회적 규범, 소비 맥락 등 다양한 요인이 복합적으로 영향을 미친다고 주장했다. 동시에 높은 가격, 정보 부족, 구매의 불편함 등이 녹색 소비를 가로막는 주요 장벽임을 지적하며, 이를 극복하기 위한 방안을 제시했다.

Elkington(1994)은 기업의 지속 가능한 경영을 분석하며, 기업이 재무적 성과(Economic)뿐만 아니라 환경적(Environmental), 사회적(Social) 책임을 균형 있게 추구해야 한다는 '트리플 바텀 라인(Triple Bottom Line)' 개념을 제시했다. 이 개념은 기업의 성과를 경제적 가치뿐만 아니라 환경적, 사회적 가치의 측면에서도 종합적으로 평가해야 한다는 관점을 제공하며, 녹색 소비를 촉진하는 공급 측면의 변화를 강조한다.

Ottman, Stafford, & Hartman(2006)은 녹색 마케팅의 성공 전략을 분석하며, 기업들이 저지르기 쉬운 '녹색 마케팅 근시안(Green Marketing Myopia)'이라는 개념을 제시했다. 이는 환경적 혜택만을 강조하고, 품질, 가격, 편의성 등 소비자가 중요하게 생각하는 다른 혜택을 간과하는 오류를 지적하는 것으로, 성공적인 녹색 마케팅은 환경적 가치와 소비자 가치를 동시에 제공해야 함을 강조한다. 또한, Moisander(2007)의 연구는 녹색 소비자가 단일한 집단이 아니라 다양한 가치와 동기를 가진 이질적인 집단임을 밝히며, 소비자의 다양한 니즈에 맞는 차별화된 접근이 필요하다고 주장했다.

KN541 플랫폼은 2025년 6월에 출시된 모델에서 환경 보호와 사회적 책임을 핵심 가치로 삼아 지속 가능한 소비 생태계를 구축하고자 한다(허남식, 정차조, 2025). 플랫폼은 ESG 가치를 중시하고, 환경 친화적 상품 및 서비스를 우선적으로 촉진함으로써 녹색 소비의 실천을 지원할 계획이다. 특히 '소비가 곧 수익'이라는 독창적인 개념을 통해, 책임감 있는 소비 활동이 환경적, 사회적 가치와 경제적 가치를 동시에 창출할 수 있는 모델을 제시한다. 이는 윤리적 소비를 강력한 경제적 인센티브와 결합함으로써, 소비자들의 친환경적 행동을 더욱 강력하게 유도하고 지속 가능한 소비 문화를 확산하는 데 기여할 것으로 기대된다.

제15절 | 지속적 이용 의향 관련 이론

플랫폼 비즈니스의 장기적인 성공과 지속가능성은 신규 사용자의 초기 수용을 넘어, 기존 사용자가 해당 서비스를 단기적으로 이탈하지 않고 장기적으로 계속 사용하려는 지속적 이용 의향(Continuous Usage Intention)을 확보하는 데 달려 있다. 이는 사용자의 일회성 선택이 아닌 장기적인 관계 형성과 충성도를 설명하는 개념으로, 본 연구의 최종적인 종속변수에 해당한다. 사용자의 지속적 이용 의향이 어떻게 형성되는지를 설명하는 대표적인 이론적 틀은 기대-일치 이론(ECT)과 신뢰 기반 이론이다.

1. 기대-일치 이론(Expectation-Confirmation Theory, ECT)과 만족

Bhattacherjee(2001)에 의해 정보시스템(IS) 분야에 성공적으로 도입된 기대-일치 이론(ECT)은 사용자가 특정 서비스를 지속적으로 사용하려는 의도를 형성하는 핵심 심리적 메커니즘으로 '만족(Satisfaction)'을 제시한다.

이 이론에 따르면, 사용자는 서비스를 이용하기 전에 특정 수준의 성과나 혜택에 대한 '기대(Expectation)'를 가지고 서비스를 이용한다. 실제 사용 후에는 그 성과를 주관적으로 평가하는 '지각된 성과(Perceived Performance)'를 형성하고, 이를 최초의 기대와 비교하여 기대가 얼마나 충족되었는지를 판단하는 '일치(Confirmation)'의 과정을 거친다. 이 기대가 긍정적으로 충족되었을 때(긍정적 일치), 사용자는 서비스에 대해 '만족'을 느끼게 되며, 이 만족감이 향후에도 해당 서비스를 계속 사용하겠다는 '지속적 이용 의향'으로 이어진다는 것이다.

수많은 후속 연구들은 ECT 모델의 높은 설명력을 입증하며, 만족도가 지속적 이용 의향에 가장 강력하고 직접적인 영향을 미치는 선행 변수임을 일관되게 확인해 왔다. 본 연구는 TAM의 '지각된 유용성' 개념을 포괄하여, KN541 플랫폼이 제공하는 경제적·사회적 혜택에 대한 전반적인 긍정적 평가를 '이용 만족도' 변수로 설정했다. 따라서 본 연구의 가설 6(플랫폼 이용 만족도는 지속적 이용 의향에 긍정적인 영향을 미칠 것이다)은 이러한 ECT의 이론적 토대에 깊이 기반하고 있다.

2. 신뢰(Trust) 기반 이론

온라인 플랫폼과 같이 정보 비대칭성과 불확실성이 높은 환경에서는 현재의 경험에 대한 만족만으로 장기적인 관계 형성을 온전히 설명하기 어렵다. 특히 KN541과 같이 아직 완성되지 않은 미래의 가치를 약속하는 혁신적인 모델의 경우, 사용자가 인지하는 위험 수준이 높기 때문에 플랫폼 운영 주체에 대한 '신뢰(Trust)'가 사용자의 지속적 참여를 결정하는 핵심적인 역할을 수행한다.

신뢰는 거래 상대방이 자신의 이익을 고려하여 약속한 의무와 책임을 성실하고 정직하게 이행할 것이라는 믿음으로 정의된다. 이는 사용자가 인지하는 위험을 감소시키고 미래의 긍정적 결과를 기대하게 함으로써, 현재의 만족도가 다소 부족하더라도 장기적인 관계에 몰입하도록 유도하는 강력한 심리적 기제이다.

　본 연구는 KN541 플랫폼이 마주한 '비전-실행 격차'라는 특수한 상황에서, 사용자들이 현재의 기능적 만족도(Execution)보다 플랫폼이 제시하는 미래 가치에 대한 약속(Vision)을 더 중요하게 고려할 것이라고 예측했다. 신뢰 기반 이론은 이러한 맥락에서 '플랫폼 신뢰도'가 '이용 만족도'와는 독립적으로, 혹은 그 이상으로 '지속적 이용 의향'을 결정하는 핵심 변수가 될 것이라는 본 연구의 가설 5(플랫폼 신뢰도는 지속적 이용 의향에 긍정적인 영향을 미칠 것이다)를 뒷받침하는 강력한 이론적 근거가 된다. 본 연구의 실증 분석 결과에서 신뢰도의 영향력이 만족도보다 더 크게 나타난 것은, KN541의 초기 수용자들에게는 현재의 경험보다 미래 비전에 대한 신뢰가 더 강력한 행동 동기로 작용하고 있음을 시사하며, 이는 신뢰 기반 이론의 중요성을 재확인시켜 준다.

제3장 선행 연구 고찰

본 장에서는 제2장에서 제시한 이론적 배경을 바탕으로, KN541 플랫폼의 '생산자-소비자 융합' 모델과 사용자 수용 과정을 분석하기 위한 주요 실증 연구들을 체계적으로 검토한다. 이 고찰의 목적은 각 이론적 영역에서 축적된 선행 연구의 성과와 한계를 분석함으로써, 본 연구가 메우고자 하는 학술적 공백(research gap)을 명확히 하고 연구 모형과 가설의 경험적 타당성을 확보하고자 한다. 특히 본 고찰은 KN541 플랫폼의 핵심 서비스인 KN541 샵(SHOP)과 사전 예약 구매 제도가 기존 경제 모델과 어떻게 차별화되는지를 경험적 연구 결과들을 통해 뒷받침하는 데 중점을 둔다.

제1절 | 공유 경제 관련 선행 연구

공유 경제에 관한 선행 연구들은 주로 참여 동기, 신뢰 형성 메커니즘, 그리고 플랫폼의 역할에 초점을 맞추어 왔다. 이러한 연구들은 KN541 플랫폼의 자원 활용 최적화와 참여자 간 협력 모델을 이해하는 데 중요한 실증적 기반을 제공한다.

Belk(2014)는 온라인 플랫폼 중심의 공유 경제를 심층적으로 분석하며, 소비자들이 단순히 경제적 이익을 넘어 공유를 통해 얻는 사회적 경험과 만족감에 주목했다. 특히 그는 플랫폼 내에 구축된 투명한 거래 기록과 상호 평가 시스템이 낯선 참여자들 간의 신뢰를 구축하는 핵심적인 사회적 자본으로 작용한다는 점을 실증적으로 밝혔다. 이는 KN541 플랫폼 설계에 있어 참여자들의 신뢰를 확보하기 위한 구체적인 시스템 구축이 필수적임을 시사한다.

Botsman과 Rogers(2010)는 협력적 소비의 부상을 분석하며, 공유 플랫폼이 사용자의 평판을 자본화하는 "평판 자본(reputation capital)"의 중요성을 강조했다. 이들의 연구는 평판이 새로운 형태의 사회적 통화(social currency)로 기능할 수 있음을 주장하며, KN541 플랫폼에서 도입 예정인 GreenT 가상 자산이 단순한 포인트를 넘어 사용자의 기여와 평판을 나타내는 자본으로 기능할 수 있다는 개념적 토대를 제공한다.

플랫폼의 경제적 기회 제공 측면에서 Sundararajan(2016)의 연구는 플랫폼 기반 경제가 평범한 대중들에게 "소자본 기업가(micro-entrepreneur)"가 될 기회를 제공한다는 점을 강조했다. 이는 KN541이 '자가 쇼핑몰' 등을 통해 구상 중인 회원 주도의 경제 생태계 모델이 가지는 잠재력을 뒷받침한다. 국내 연구에서도 신뢰의 중요성은 반복적으로 확인된다. Kim과 Kim(2018)은 공유 경제 서비스 이용 의도에 미치는 영향을 분석하며, 서비스의 안정성과 개인정보 보호에 대한 신뢰가 사용자의 참여를 결정짓는 핵심 요인임을 밝혔다.

이러한 선행 연구들은 KN541 플랫폼 설계에 있어서 '신뢰'가 단순한 거래 촉진 요인을 넘어, 사용자들이 생산, 판매, 수익 공유 등 더욱 깊이 있는 참여를 결정하는 핵심적인 기반이 됨을 시사한다. 특히 KN541이 추구하는 생산자-소비자 융합 모델에서는 참여자 간의 상호 신뢰와 플랫폼 운영 주체에 대한 신뢰가 더욱 중요하게 작용할 것으로 예상된다.

제2절 | 기술수용모델(TAM) 관련 선행 연구

Davis(1989)의 연구 이후 TAM은 정보 기술 수용 연구에서 가장 영향력 있는 이론으로 자리 잡았으며, 수많은 후속 연구를 통해 그 타당성과 설명력이 입증되었다. 특히 전자상거래 및 플랫폼 경제 연구에서 TAM은 사용자의 채택 의도를 설명하는 핵심적인 이론적 틀로 활용되어 왔다.

다수의 실증 연구에서 플랫폼이 제공하는 혜택(예: 쇼핑 편의성, 경제적 이익)에 대한 '지각된 유용성'과 플랫폼의 인터페이스나 사용 절차에 대한 '지각된 사용 용이성'이 사용자의 긍정적 태도와 지속적 이용 의향에 유의미한 영향을 미친다는 점이 일관되게 확인되었다.

그러나 연구가 심화되면서, 특히 불확실성이 높은 온라인 환경에서는 기존 TAM의 두 변수만으로는 사용자 행동을 충분히 설명하기 어렵다는 인식이 확산되었다. 이에 최근 연구들은 TAM에 '신뢰(Trust)'나 '지각된 위험(Perceived Risk)'과 같은 변수를 추가하여 모델의 설명력을 높이려는 시도를 활발히 진행해 왔다.

대표적으로, Gefen, Karahanna, Straub(2003)의 연구는 온라인 상점 환경에서 신뢰가 '지각된 유용성'과는 독립적으로 구매 의도에 직접적인 영향을 미치는 핵심 변수임을 실증적으로 밝혀냈다. 이들의 연구는 TAM에 신뢰를 통합하는 모델의 중요성을 입증했으며, 특히 대면 상호작용이 부재하고 정보 비대칭성이 존재하는 온라인 플랫폼 환경에서 신뢰가 사용자의 긍정적 태도 형성에 얼마나 결정적인지를 보여 주었다. 이는 본 연구가 KN541 플랫폼 수용 모델에 '플랫폼 신뢰도'를 '이용 만족도'와 함께 핵심적인 매개변수로 설정한 이론적 근거가 된다.

제3절 | 혁신확산이론(IDT) 관련 선행 연구

혁신확산이론(IDT)은 새로운 기술이나 아이디어가 사회 시스템 내에 전파되는 과정을 설명하는 거시적 관점을 제공하며, 특히 플랫폼 수용 연구 분야에서 기술의 내재적 특성이 사용자의 수용 결정에 미치는 영향을 분석하는 데 활발하게 적용되어 왔다.

초기 플랫폼 확산 연구들은 주로 Rogers(1962)가 제시한 혁신의 5가지 특성, 즉 상대적 이점, 호환성, 복잡성, 시험 가능성, 관찰 가능성에 주목했다. 예를 들어, 핀테크 서비스나 모바일 결제 플랫폼의 초기 확산 과정을 분석한 다수의 연구들은 초기 수용자 집단이 느끼는 '상대적 이점(기존 서비스보다 나은 점)'과 '호환성(자신의 기존 생활 방식과의 조화)'이 확산의 가장 강력한 동력임을 실증적으로 증명했다. Venkatesh 등(2012)의 연구에서도 모바일 결제 서비스의 확산에 있어 사용자가 인지하는 상대적 이점과 사회적 영향이 중요한 역할을 한다는 것을 보여 주었다.

IDT의 설명력을 높이기 위해 많은 연구에서 기술수용모델(TAM)과의 통합을 시도했다. 이러한 통합 모델 연구들은 기술의 객관적 특성(IDT)이 사용자의 주관적, 인지적 평가(TAM)에 어떻게 영향을 미치고, 이것이 궁극적으로 수용 의도로 이어지는지를 다각적으로 분석한다. 구체적으로, 혁신의 '상대적 이점'은 TAM의 '지각된 유용성'에 직접적인 긍정적 영향을 미치고, '복잡성'은 '지각된 사용 용이성'에 부정적인 영향을 미치는 핵심 선행 변수임이 여러 연구를 통해 검증되었다.

이러한 흐름 속에서, Agarwal과 Prasad(1998)의 연구는 혁신 수용의 주체인 개인의 심리적 특성에 주목했다는 점에서 중요한 의미를 가진다. 그들은 IT 분야에서 개인의 내재적 혁신성, 즉 '정보기술 영역에서의 개인적 혁신성(PIIT)'이라는 개념을 제시하고, 이를 측정하는 도구를 개발했다. 연구 결과, PIIT가 높은 사람일수록 새로운 기술에 대한 불확실성을 기꺼이 감수하고, 적극적으로 정보를 탐색하며, 실패의 위험을 무릅쓰고 시도하려는 성향이 강하다는 것을 실증적으로 밝혀냈다. 이는 사용자의 타고난 성향 자체가 새로운 플랫폼이나 기술에 대한 초기 태도 형성과 수용 과정에서 중요한 독립 변수로 작용함을 명확히 보여 주는 연구이며, 본 연구에서 '디지털 혁신성'을 주요 독립변수로 설정한 직접적인 경험적 근거가 된다.

제4절 | 프로슈머와 프로슈밍 관련 선행 연구

Toffler(1980)의 개념 제시 이후, 프로슈머에 대한 연구는 디지털 기술의 발전과 함께 꾸준히 진화해 왔다. 초기 연구들이 주로 DIY(Do It Yourself)나 제품 개선 과정에 참여하는 긍정적 측면에 초점을 맞췄다면, Web 2.0 시대의 도래와 함께 연구의 초점은 비판적 영역으로까지 확장되었다.

긍정적 측면의 연구 흐름을 주도한 것은 Tapscott과 Williams(2006)이다. 그들은 저서 『위키노믹스』에서 위키피디아, 리눅스 등의 사례를 통해 대중 협업(Mass Collaboration)의 개념을 제시하며, 프로슈머들이 기업의 혁신과 가치 창출에 어떻게 기여하는지를 분석했다. 이들의 연구는 프로슈머 경제의 잠재력을 보여 준 대표적인 사례로 평가받는다.

반면, 비판적 연구 흐름은 디지털 플랫폼에서의 착취 구조를 분석하는 데 집중했다. Ritzer와 Jurgenson(2010)은 페이스북, 구글과 같은 플랫폼에서 사용자들이 무급으로 데이터를 생산하고 콘텐츠를 창출하지만, 그에 대한 정당한 보상을 받지 못하는 현상의 문제점을 지적했다. Ritzer(2015)는 이를 '프로슈머 자본주의'라 명명하며, 프로슈머가 자신도 모르는 사이에 플랫폼의 이윤 창출을 위해 무급으로 '디지털 노동'을 제공하는 착취의 대상이 될 수 있음을 심도 있게 분석했다. 이러한 비판적 연구들은 프로슈머 활동의 긍정성을 넘어, 디지털 경제의 노동 문제와 가치 태분의 불평등 문제를 제기하는 중요한 흐름으로 자리 잡았다.

프로슈밍의 동기에 관한 실증 연구도 활발히 진행도 었다. Seran과 Izvercian(2014)은 프로슈머의 동기를 경제적(비용 절약, 수익 창출), 사회적(소속감, 인정 욕구), 개인적(자아실현, 학습 욕구) 차원으로 분류하고, 프로슈머 활동의 지속성을 위해서는 경제적 보상뿐만 아니라 사회적 인정과 개인적 성취감도 중요하다고 강조했다. 또한, Cova와 Dalli(2009)는 기업들이 프로슈머의 노동을 착취하는 현상을 비판하며, 프로슈머의 권익 보호를 위한 제도적 장치의 필요성을 제기하기도 했다.

제5절 | 가치 공동 창조 관련 선행 연구

프로슈머의 역할을 긍정적 관점에서 재조명하고 기업 경영의 핵심 전략으로 발전시킨 개념이 바로 '가치 공동 창조'이다. Prahalad와 Ramaswamy(2004)는 과거 기업이 일방적으로 가치를 만들어 소비자에게 전달하던 시대는 끝났다고 선언하며, 소비자가 기업과의 적극적인 상호작용을 통해 가치를 함께 만들어 가는 새로운 패러다임을 제시했다. 이들에게 소비자는 더 이상 수동적인 가치 수용자가 아니라, 경험과 가치를 창출하는 과정에 동등하게 참여하는 핵심 파트너이다.

이러한 이론적 논의를 바탕으로 다수의 실증 연구가 진행되었다. 대표적으로 브랜드 커뮤니티에 관한 연구들은 사용자들이 커뮤니티에 자발적으로 참여하여 신제품 아이디어를 제안하거나, 다른 사용자들의 문제를 해결해 주고, 긍정적인 사용 후기를 공유하는 활동이 브랜드에 대한 심리적 애착과 충성도를 크게 높인다는 것을 보여 주었다.

레고(LEGO)의 '레고 아이디어스' 플랫폼은 사용자가 직접 디자인한 제품을 제안하고 투표를 통해 실제 상품으로 출시하는 대표적인 가치 공동 창조의 성공 사례이다. 또한, 스타벅스의 '마이 스타벅스 아이디어' 캠페인처럼 고객의 제안을 실제 메뉴 개발과 서비스 개선에 반영하는 활동은 고객의 구매 의도를 높일 뿐만 아니라, 자발적으로 브랜드를 홍보하는 브랜드 옹호자(Brand Advocate)를 양성하는 효과가 있음이 입증되었다. 이처럼 가치 공동 창조에 대한 선행 연구들은 프로슈머 활동을 기업과 소비자 모두에게 이익이 되는 윈-윈(Win-Win) 전략으로 구체화하며, 현대 경영학의 중요한 연구 주제로 자리 잡고 있다.

제6절 | 플랫폼 경제 관련 선행 연구

플랫폼 경제에 관한 학술적 논의는 그 발전 과정에 따라 연구의 초점이 이동하는 양상을 보여 준다.

초기 연구는 주로 플랫폼이 어떻게 가치를 창출하고 성장하는지에 대한 비즈니스 모델의 핵심 메커니즘을 규명하는 데 집중했다. Rochet과 Tirole(2003)이 제시한 양면 시장 이론(Two-Sided Market Theory)은 플랫폼이 생산자 그룹과 소비자 그룹처럼 서로 다른 성격의 두 집단을 연결하고, 이들 간의 상호작용을 통해 가치를 창출하는 중개자적 특성을 수학적으로 분석하며 후속 연구의 이론적 기틀을 마련했다. 이후 Parker 등(2016)은 『플랫폼 레볼루션』을 통해 플랫폼 성공의 핵심 동력이 네트워크 효과(Network Effects), 특히 한쪽 그룹의 성장이 다른 쪽 그룹에 긍정적 영향을 미치는 교차 네트워크 효과의 관리에 있음을 역설했다. 이러한 이론적 배경하에 다수의 실증 연구들은 활발한 사용자 참여가 네트워크 효과를 촉발하는 필수 조건임을 반복적으로 확인했으며, 이에 따라 게이미피케이션(Gamification), 보상 시스템, 커뮤니티 기능 설계 등이 플랫폼 활성화에 미치는 긍정적 효과를 분석하는 연구들이 활발히 진행되었다.

그러나 플랫폼이 거대 권력으로 성장하면서, 초기 성장 모델에 집중했던 연구 경향은 플랫폼의 사회적, 윤리적 문제를 조명하는 비판적 연구로 확장되었다. Srnicek(2016)은 데이터를 새로운 석유로 삼아 이를 독점하고, 여기서 발생하는 가치를 소수 플랫폼 기업에 편중시키는 현대 경제 구조를 '플랫폼 자본주의'라 명명하며, 이러한 구조가 야기하는 불평등 문제를 날카롭게 지적했다.

이와 같은 비판적 문제 제기는 자연스럽게 플랫폼과 사용자 간의 신뢰(Trust) 문제에 대한 학술적 관심으로 이어졌다. 사용자의 데이터가 어떻게 수집되고 활용되는지에 대한 불투명성, 그리고 개인정보 유출에 대한 불안감은 신뢰를 훼손하는 핵심 요인으로 지목되었다. 선행 연구들은 사용자의 신뢰를 구축하기 위한 요인으로 플랫폼의 명성, 시스템의 기술적 보안성, 데이터 처리 과정의 투명성, 그리고 기업의 윤리 경영 등을 핵심 변수로 꼽았다.

궁극적으로, 현대 플랫폼 연구는 사용자의 지속적인 참여를 확보하기 위해 신뢰를 넘어 실질적인 만족(Satisfaction)을 제공해야 한다는 점을 강조한다. 관련 연구들은 사용자 만족도에 영향을 미치는 핵심 요인을 크게 시스템 품질(안정성, 속도 등 기술적 완성도), 정보 품질(콘텐츠의 정확성, 유용성), 그리고 서비스 품질(고객 지원, 분쟁 해결 등)의 세 가지 차원으로 구분하여 분석해 왔다. 결국, 플랫폼 연구의 흐름은 '어떻게 사용자를 모을 것인가(참여)'에서 시작하여, '어떻게 사용자와의 관계를 유지할 것인가(신뢰와 만족)'로 심화되어 왔으며, 이는 플랫폼의 장기적인 지속가능성이 사용자 경험의 총체적인 질에 달려 있음을 시사한다.

제7절 | 플랫폼 협동조합주의 관련 선행 연구

플랫폼 자본주의의 대안을 모색하는 과정에서 가장 주목받는 흐름은 플랫폼 협동조합주의에 관한 연구다. Scholz(2016)에 의해 주창된 이 개념은, 플랫폼의 기술적 장점은 수용하되 소유와 운영의 민주화를 통해 가치 분배의 정의를 실현하려는 시도이다.

선행 연구들은 주로 플랫폼 협동조합의 초기 사례들을 분석하며 그 가능성과 한계를 탐색해 왔다. 대표적인 사례인 뉴욕의 청소 노동자 플랫폼 '업앤고(Up&Go)'는 중개 수수료를 5%로 최소화하여 노동자의 소득을 극대화하는 모델로, 가치 분배의 공정성을 실현한 성공 사례로 평가받는다. 또한, 독일의 온라인 마켓플레이스 '페어몬도(Fairmondo)'는 1인 1표의 민주적 의사결정 구조와 투명한 경영을 통해 협동조합의 원칙을 디지털 환경에서 구현한 사례로 자주 언급된다.

이러한 연구들은 플랫폼 협동조합이 Bauwens와 Kostakis(2014)가 말한 '오픈 협동조합주의'의 형태로, '디지털 커먼즈'를 기반으로 지속가능한 생태계를 구축할 수 있다는 이론적 토대를 제공한다. 특히 음식 배달 라이더들이 만든 '쿱사이클(CoopCycle)' 사례는 오픈소스 소프트웨어를 활용하여 글로벌 연대와 로컬 자치를 결합함으로써 거대 자본에 맞서는 대안적 노동 생태계의 확장 가능성을 보여 준다.

그러나 기존의 플랫폼 협동조합주의 선행 연구들은 몇 가지 명확한 한계를 가진다. 첫째, 대부분 '긱 경제'의 노동자 협동조합에 초점이 맞춰져 있다. 이는 본 연구의 대상인 KN541 플랫폼처럼 소비자를 가치 공유의 핵심 주체로 삼는 커머스 플랫폼 모델에 대한 논의가 부족함을 의미한다. 둘째, 법적인 협동조합 형태를 전제로 하므로, KN541처럼 주식 회사 형태를 유지하면서도 협동조합의 운영 원리를 실천하려는 하이브리드 모델에 대한 분석이 부재하다.

따라서 본 연구는 이러한 연구 공백을 메우고자, KN541의 '생소융합' 모델을 플랫폼 협동조합주의의 원칙이 소비자 영역으로 확장된 새로운 실험으로 보고, 이러한 가치 제안을 사용자들이 어떻게 이해하고 수용하는지를 실증적으로 분석한다.

제8절 | 이해관계자 자본주의와 ESG 패러다임 관련 선행 연구

이해관계자 자본주의는 Freeman(1984)의 연구에서 시작되어, 초기에 기업의 사회적 책임이라는 규범적 측면이 강조되었으나(Donaldson & Preston, 1995), 최근 세계경제포럼(WEF)의 Schwab(2021) 등을 통해 지속가능한 성장을 위한 필수적인 경제 모델로 재조명받고 있다. 특히 ESG(환경·사회·거버넌스) 패러다임의 확산은 이해관계자 자본주의를 측정하고 실행하는 구체적인 경영의 틀로 작용하고 있다.

최근의 선행 연구들은 이해관계자 자본주의의 이론을 더욱 정교화하고 있다. Hart와 Zingales(2017)는 주주들 역시 금전적 이익뿐 아니라 사회적, 환경적 가치를 중시하는 '친사회적(prosocial)' 선호를 가지므로, 모든 이해관계자의 복지를 고려하는 것이 결국 주주 가치와도 양립 가능함을 보였다. Paredes-Frigolett와 Pyka(2022)는 디지털 기술이 다양한 이해관계자의 요구를 실시간으로 분석하고 투명한 소통을 가능하게 함으로써 이해관계자 자본주의의 구현을 촉진할 수 있다고 주장했다.

그러나 Paine(2023)이 지적했듯이, 많은 기업이 이해관계자 자본주의를 표방하지만 실제 실행 수준에는 큰 차이가 있어 그 진정성을 평가할 필요가 있다. 바로 이 지점이 본 연구의 핵심 문제인 '비전-실행 격차'와 직접적으로 연결된다.

기존 선행 연구들이 주로 거대 상장 기업의 ESG 경영 활동을 사후적으로 분석하는 데 머물러 있다면, 본 연구는 디지털 플랫폼 스타트업이 어떻게 비즈니스 모델의 설계 단계부터 이해관계자 자본주의 철학을 내재화하고(허남식, 정차조, 2025), 사용자들이 이러한 철학적 비전을 어떻게 '신뢰'하는지를 실증적으로 분석한다는 점에서 차별성을 가진다. 이는 본 연구 모형에서 '플랫폼 신뢰도'를 핵심 변수로 설정하고, 그 영향력이 현재의 '이용 만족도'보다 더 크게 나타난 실증 분석 결과(H5: β=.49 > H6: β=.36)를 해석하는 강력한 이론적 근거가 된다. 즉, 사용자들이 플랫폼의 '비전(이해관계자 중심 철학)'에 대한 '신뢰'를 바탕으로 현재의 '실행(시스템, 상품 등)'에 대한 불만족을 감내하고 있음을 보여 주며, 이는 본 연구 결론의 핵심 논리를 뒷받침한다.

제9절 | 선물 경제 관련 선행 연구

선물 경제에 관한 선행 연구들은 시장 교환의 논리를 넘어 사회적 관계와 신뢰에 기반한 상호작용의 중요성을 강조한다. 이는 사용자 신뢰 하락과 참여의 지속가능성 위기라는 기존 플랫폼 자본주의의 한계를 극복할 대안적 원리를 제시한다는 점에서 본 연구와 깊은 관련성을 가진다.

고전적 논의에서 Hyde(1983)는 상품 교환이 거래 당사자 외에 어떠한 사회적 연결도 남기지 않는 반면, 선물 교환은 참여자들 사이에 살아 있는 관계의 끈(a bond)을 만들어 낸다고 주장했다. 그는 선물이 공동체 내에서 순환될 때 그 가치가 증대되며, 이 순환 과정 자체가 공동체의 생명력을 유지하는 원동력이 된다고 분석했다. Godbout(1998)는 이러한 논의를 현대 사회로 확장하여, 선물이 시장 경제와 국가 시스템의 빈틈을 메우며 사회 전체의 연대감을 형성하는 데 필수적인 역할을 한다고 주장했다.

디지털 환경에서 선물 경제는 지식, 정보, 코드와 같은 비경합적 자산의 공유 형태로 나타난다. Bergquist와 Ljungberg(2001)는 오픈소스 소프트웨어(OSS) 커뮤니티의 지식 공유 메커니즘을 분석하며, 개발자들이 명시적인 금전적 보상 없이 코드를 기여하고 서로 돕는 행위가 전형적인 선물 경제의 특성을 보인다고 밝혔다. 이 연구에서 '선물'은 코드, 버그 수정, 전문적 조언 등의 형태로 나타나며, 이에 대한 '답례'는 사회적 인정, 명성, 그리고 다른 개발자로부터의 도움으로 이루어진다. 그들은 이러한 호혜적 선물 교환이 커뮤니티에 대한 강력한 신뢰를 구축하고 프로젝트의 지속가능성을 담보하는 핵심 동력임을 실증적으로 보여 주었다.

Park(2016)의 국내 연구에서도 유사한 결과가 확인된다. 그는 온라인 커뮤니티에서 이루어지는 정보, 지식, 칭찬이나 인정과 같은 무형의 '디지털 선물'이 어떻게 커뮤니티의 형성과 유지에 기여하는지를 심층적으로 탐구했다. 연구 결과, 이러한 디지털 선물 교환은 구성원 간의 사회적 상호작용을 촉진하고 정서적 유대를 강화하여 결과적으로 커뮤니티의 응집력을 높이는 중요한 메커니즘으로 작동함을 밝혔다. 이러한 선행 연구들은 KN541 플랫폼이 경제적 교환뿐만 아니라 비금전적 가치 교환을 촉진하는 것이 사용자 신뢰, 만족, 그리고 지속적 참여에 긍정적 영향을 미칠 것이라는 본 연구의 가설을 강력하게 뒷받침한다.

제10절 | 협동 소비 관련 선행 연구

협동 소비에 관한 선행 연구는 주로 참여 동기, 참여자의 특성, 그리고 사회적·환경적 성과를 중심으로 이루어져 왔다. 이러한 연구들은 소유가 아닌 공유와 협력을 통해 공동체적 가치를 추구한다는 점에서 본 연구의 방향성을 지지하는 중요한 이론적 자원이다.

소비자들이 협동 소비에 참여하는 동기는 경제적 요인과 비경제적 요인이 결합된 복합적인 형태로 나타난다. Hamari, Sjöklint, & Ukkonen(2016)은 실증 연구를 통해, 경제적 이익(절약), 편의성, 지속가능성에 대한 인식, 공동체 소속감 등이 주요 동인으로 작용함을 밝혔다. 특히 이 연구는 환경 보호나 지속가능성에 대한 긍정적 태도가 참여 의도에는 영향을 미치지만, 실제 행동을 이끄는 가장 강력한 요인은 경제적 인센티브와 편의성이라는 점을 발견했다. 이는 KN541 플랫폼이 성공적으로 사용자의 참여를 유도하기 위해서는 공동체적 가치 제시와 더불어 실질적인 경제적 혜택과 편리한 사용 경험 제공이 필수적임을 시사한다.

반면, Albinsson과 Perera(2012)는 타임뱅크(Time Bank)와 같은 비금전적 교환 시스템을 연구하며, 경제적 동기가 부재한 상황에서는 공동체 형성, 대안 경제 시스템 구축이라는 정치적 이데올로기, 지속가능한 삶의 방식 추구와 같은 사회적·이념적 가치가 핵심 참여 동기가 됨을 보였다. 이는 KN541 플랫폼이 계획 중인 비금전적 가치 교환 시스템이나 커뮤니티 활동 설계 시, 사용자의 사회적 가치 추구 욕구를 충족시키는 것이 자발적 참여를 이끌어 내는 중요한 전략이 될 수 있음을 보여 준다.

참여자의 가치관 또한 중요한 변수이다. Piscicelli, Cooper, & Fisher(2015)는 협동 소비 플랫폼 사용자들을 분석하여, 변화에 대한 개방성(Openness to change)과 이타주의를 포함하는 자기 초월(Self-transcendence) 가치 지향성이 높은 소비자들이 협동 소비에 더욱 적극적으로 참여하는 경향이 있음을 발견했다. 이러한 연구들은 KN541의 협동 소비 모델(예: 사전 예약 구매)이 단순한 공동 구매를 넘어, 참여자들 간의 신뢰와 연대를 형성하는 사회적 자본 축적의 과정이라는 본 연구의 핵심 주장을 뒷받침한다.

제11절 | 소비자 참여 관련 선행 연구

소비자 참여에 대한 선행 연구들은 소비자의 참여를 이끌어 내는 동기, 참여의 유형, 그리고 그 성과를 규명하는 데 집중해 왔다. 이는 KN541 플랫폼의 핵심 전략인 '사전 예약 구매 제도'를 중심으로, 능동적 참여가 사용자 태도와 행동에 미치는 영향을 검증하고자 하는 본 연구의 가설과 모형에 중요한 이론적 기반을 제공한다.

1. 소비자 참여의 동기: 무엇이 참여를 이끌어 내는가?

소비자의 자발적 참여를 유도하기 위해서는 그들의 내재적 및 외재적 동기를 이해하는 것이 필수적이다. Füller, Matzler, & Hoppe(2008)는 온라인 브랜드 커뮤니티 참여자를 대상으로 한 연구를 통해, 소비자들이 기업의 혁신 과정에 참여하는 동기가 매우 다차원적임을 밝혔다. 그들은 재미, 호기심, 지적 도전과 같은 내재적 동기와 더불어, 커뮤니티 내에서의 인정, 자기 효능감 향상, 새로운 기술 습득과 같은 외재적 동기가 복합적으로 작용함을 발견했다. 이는 KN541 플랫폼이 사용자 참여를 활성화하기 위해 경제적 보상뿐만 아니라, 참여 과정 자체의 즐거움과 성취감, 사회적 인정을 제공하는 장치를 정교하게 설계해야 함을 시사한다.

Nambisan과 Baron(2009)은 참여 동기를 혜택(benefits)의 관점에서 더욱 구체화했다. 그들은 소비자가 참여를 통해 얻는 혜택을 크게 네 가지, 즉 학습 혜택(learning benefits), 사회적 통합 혜택(social integrative benefits), 개인적 혜택(personal integrative benefits), 쾌락적 혜택(hedonic benefits)으로 구분하고, 이러한 혜택에 대한 인식이 높을수록 사용자의 참여 수준과 충성도가 유의미하게 증가함을 실증적으로 밝혔다.

2. 소비자 참여의 유형과 성과: 어떻게 참여하고 무엇을 얻는가?

소비자 참여는 그 깊이와 형태에 따라 다양한 유형으로 나타나며 그 성과 또한 상이하다. O'Hern과 Rindfleisch(2010)는 소비자 공동 개발(consumer co-creation)의 유형을 참여의 주도권과 범위에 따라 제출형(Submitting), 조정형(Tinkering), 공동 설계형(Co-designing), 협업형(Collaborating)의 네 가지로 체계적으로 분류했다. 그들은 특히 기업과 소비자의 상호작용 수준이 높은 '공동 설계형'과 '협업형' 참여가 가장 높은 수준의 혁신 성과로 이어진다고 주장했다. 이 분류는 KN541 플랫폼의 '사전 예약 구매 제도'를 제품 기획 초기 단계부터 소비자가 깊이 관여하는 '공동 설계형' 참여 모델로 개념화할 수 있는 이론적 틀을 제공한다.

이러한 소비자 참여의 긍정적 성과는 Hoyer 등(2010)의 연구를 통해 더욱 명확하게 확인된다. 그들은 소비자 주도 혁신이 기업에 미치는 영향을 종합적으로 분석하여, 소비자 참여가 신제품 개발 비용의 감소, 시장 적합성(market fit) 증가, 제품 출시 시간 단축(time-to-market), 브랜드 태도 개선 등 실질적인 비즈니스 성과로 이어진다는 것을 발견했다. 이 연구 결과는 KN541 플랫폼이 소비자 참여 모델을 도입하는 것이 단순한 마케팅 전략을 넘어, 플랫폼의 운영 효율성과 시장 경쟁력을 높이는 핵심적인 혁신 전략임을 보여 준다.

제12절 | 맞춤형 생산 관련 선행 연구

맞춤형 생산에 관한 선행 연구들은 그 유형과 전략적 가치, 가치 창출 메커니즘, 그리고 실행상의 도전 과제를 중심으로 이루어져 왔다. 이는 KN541 플랫폼의 '사전 예약 구매' 시스템이 사용자 만족도와 충성도를 높일 것이라는 연구 가설에 대한 이론적 정당성을 확보하는 데 기여한다.

1. 맞춤형 생산의 유형과 전략적 가치

맞춤형 생산은 소비자의 참여 수준과 방식에 따라 다양한 형태로 구현된다. Gilmore와 Pine II(1997)는 이를 협력적(Collaborative), 적응적(Adaptive), 외관적(Cosmetic), 투명한(Transparent)의 네 가지 유형으로 분류했다. 이 분류에 따르면, KN541의 '사전 예약 구매' 시스템은 소비자의 수요와 선호를 생산 이전에 직접 파악하고 설계에 반영한다는 점에서 '협력적 맞춤화'에 가장 가깝다. Gilmore와 Pine II는 이 유형이 고객의 요구를 가장 정확하게 충족시켜 높은 만족도와 충성도를 이끌어 낼 잠재력이 가장 크다고 분석했으며, 이는 본 연구의 핵심 가설을 직접적으로 지지한다. Fogliatto, da Silveira, & Borenstein(2012)은 포괄적 문헌 연구를 통해, 제품 모듈화, 유연한 생산 시스템, 고객 통합 인터페이스가 맞춤형 생산의 실현 가능성을 높이는 핵심 기술 동인임을 강조했다.

2. 맞춤형 생산의 가치 창출과 심리적 효과

맞춤형 생산은 새로운 경제적 가치를 창출한다. Franke와 Piller(2004)의 연구는 이 효과를 명확하게 보여 주는 대표적인 사례이다. 그들은 소비자들이 직접 디자인 과정에 참여하여 만든 제품에 대해, 기능적으로 동일한 표준 제품보다 평균 100% 이상의 가격 프리미엄을 지불할 의사가 있음을 실험을 통해 밝혔다. 이는 소비자들이 자신의 노력과 취향이 투영된 제품에 대해 단순한 기능적 가치를 넘어 독특성(uniqueness)과 정서적 애착이라는 심리적 가치를 부여하기 때문이다. 이 연구 결과는 KN541의 '사전 예약 구매' 제도가 제품의 인지된 가치를 극대화하고 플랫폼의 수익성을 제고할 잠재력을 가졌다는 가설에 대한 강력한 실증적 근거를 제공한다.

3. 실행의 도전 과제: 복잡성 관리

그러나 고객에게 과도한 선택권을 부여하는 것은 오히려 부정적인 결과를 초래할 수 있다. Dellaert와 Stremersch(2005)는 맞춤화 과정에서 선택 옵션이 늘어날수록 제품에 대한 효용이 증가하지만, 동시에 의사결정 과정이 복잡해지고 인지적 부담이 커지는 '복잡성-효용 트레이드오프(complexity-utility trade-off)'가 존재함을 발견했다. 즉, 일정 수준을 넘어서는 복잡성은 오히려 고객 만족도를 떨어뜨릴 수 있다. Randall, Terwiesch, & Ulrich(2007) 역시 온라인 맞춤 제작 도구에서 사용자들이 느끼는 불확실성과 심리적 부담이 구매 포기로 이어질 수 있음을 지적했다. 이러한 연구들은 KN541의 시스템 설계 시, 무한한 자유도를 제공하기보다는 사용자가 쉽고 자신감 있게 최적의 결정을 내릴 수 있도록 돕는 가이드 시스템 제공이 매우 중요함을 시사한다.

제13절 | 개방형 혁신(Open Innovation) 관련 선행 연구

KN541 플랫폼이 지향하는 '생산자-소비자 융합' 모델은 기업 내부의 경계를 넘어 외부의 지식과 아이디어를 적극적으로 활용하는 개방형 혁신의 원리를 플랫폼 비즈니스에 적용한 사례로 볼 수 있다. 따라서 개방형 혁신에 관한 선행 연구는 KN541 모델의 잠재력과 동시에, 본 연구의 핵심 문제인 '비전-실행 격차'가 발생하는 원인을 이론적으로 규명하는 데 중요한 틀을 제공한다.

1. 개방형 혁신의 유형과 프로세스

개방형 혁신에 대한 논의는 Chesbrough(2003)가 기업이 더 이상 내부 R&D에만 의존해서는 안 되며, 외부의 아이디어를 적극적으로 활용해야 한다고 주장하며 시작되었다. 이후 Dahlander와 Gann(2009)은 개방성의 방향(유입/유출)과 보상 방식(금전적/비금전적)을 기준으로 개방형 혁신을 네 가지 유형으로 세분화하였다. 이들의 분류에 따르면, KN541의 '사전 예약 구매' 시스템은 소비자들이 아이디어나 수요를 제공하는 '비금전적 유입(Non-pecuniary Inbound)' 혁신 활동을 촉진하는 모델이다.

성공적인 개방형 혁신은 단순히 외부 아이디어를 받아들이는 것을 넘어, 이를 조직 내부 역량과 결합하여 상업화하는 체계적인 프로세스를 요구한다. West와 Bogers(2014)는 이 과정을 '획득(acquisition)', '통합(integration)', '상업화(commercialization)'의 세 단계로 구분했다. 이들의 관점에서 볼 때, KN541 플랫폼이 겪는 '비전-실행 격차'는 아이디어 '획득' 단계는 활성화되어 있으나, 이를 양질의 상품으로 구현하는 '통합' 및 '상업화' 단계에서 병목 현상이 발생하고 있음을 시사한다.

2. 개방형 혁신의 전략과 성과

기업이 외부 지식을 얼마나 넓고 깊게 탐색해야 하는가는 개방형 혁신의 핵심적인 전략적 문제이다. Laursen과 Salter(2006)는 외부 지식원의 다양성(breadth)과 활용 깊이(depth)가 혁신 성과와 역 U자형(inverted U-shape) 관계를 가진다는 중요한 사실을 발견하였다. 이는 외부 지식 활용이 일정 수준까지는 성과를 높이지만, 과도한 탐색은 오히려 정보 과부하와 조정 비용을 증가시켜 성과를 저해할 수 있음을 의미한다. 이는 KN541 플랫폼 역시 사용자들의 다양한 요구를 무분별하게 수용하기보다, 이를 효과적으로 선별하고 집중할 수 있는 전략적 필터링 메커니즘이 필요함을 시사한다.

이러한 선행 연구들은 KN541의 '사전 예약 구매' 시스템이 소비자와 생산자를 연결하는 개방형 혁신 플랫폼으로서 제품 가치를 높일 것이라는 연구 가설을 지지하는 한편, 외부 아이디어를 실제 가치로 전환하는 '통합' 및 '상업화' 역량의 부족이 현재 플랫폼이 직면한 '비전-실행 격차'의 핵심 원인일 수 있음을 이론적으로 뒷받침한다.

제14절 | 녹색 소비 관련 선행 연구

KN541 플랫폼이 추구하는 ESG 가치와 환경적 지속가능성은 녹색 소비에 관한 선행 연구를 통해 그 이론적 근거와 현실적 과제를 탐색할 수 있다. 선행 연구들은 소비자의 인식과 실제 행동 사이의 간극을 해소할 방안을 제시하며, 이는 본 연구의 방향성과 직접적으로 연결된다.

1. 녹색 소비의 가치-행동 간극(Value-Action Gap)과 그 장벽

녹색 소비 연구에서 일관되게 나타나는 핵심적인 문제는 소비자들이 환경 보호의 중요성을 인식하면서도 실제 구매 행동으로 이어지는 데에는 어려움을 겪는 '가치-행동 간극(Value-Action Gap)'이다. Young 등(2010)은 이 간극을 유발하는 주요 장벽으로 높은 가격, 관련 정보의 부족 및 불신, 녹색 제품 구매의 불편함, 시간 부족 등을 규명하였다. Tanner와 Kast(2003)의 연구 역시 개인의 환경적 태도도 중요하지만, 가격 민감도, 시간 제약, 구매 편의성과 같은 현실적인 제약 조건이 녹색 소비 행동에 더 큰 영향을 미친다고 분석했다. 이러한 연구들은 KN541 플랫폼이 단순히 ESG 가치를 선언하는 것을 넘어, 사용자들이 녹색 소비를 '쉽고', '편리하며', '신뢰할 수 있도록' 만드는 구체적인 시스템을 설계해야 한다는 본 연구의 문제의식에 직접적인 함의를 제공한다.

2. 녹색 소비 촉진 전략

'가치-행동 간극'을 극복하기 위한 전략은 다차원적으로 접근해야 한다. White, Habib, & Hardisty(2019)는 포괄적인 문헌 연구를 통해 녹색 소비를 촉진하는 효과적인 전략들을 제시했다. 이들은 특히 사회적 규범(Social Norms)의 활용(다른 사람들도 녹색 소비를 실천하고 있다는 인식), **자아 개념과의 연계**(녹색 소비를 하는 것이 '스마트하고 책임감 있는 나'라는 긍정적 자아상을 형성하도록 돕는 것), 행동의 용이성 증대가 매우 효과적이라고 강조했다.

기업의 역할 또한 매우 중요하다. Mohr, Webb, & Harris(2001)는 기업의 사회적 책임(CSR) 활동이 소비자의 구매 결정에 미치는 영향을 분석하며, 특히 '사회적으로 책임감 있는 소비자' 집단에게 CSR이 중요한 구매 기준이 됨을 밝혔다. 이는 KN541이 ESG 가치를 투명하게 실천하고 소통하는 것이 플랫폼에 대한 신뢰도를 높이는 데 결정적인 역할을 할 것이라는 연구 가설(H3)과 직접적으로 연결된다. Jansson, Marell, & Nordlund(2010)의 연구는 KN541의 '소비가 곧 수익'이라는 모델이 제공하는 경제적 '상대적 이점'이 사용자들이 지속가능한 소비라는 혁신을 수용하게 만드는 강력한 촉매제가 될 수 있음을 시사한다.

제15절 | 지속적 이용 의향 관련 연구

플랫폼 비즈니스의 장기적인 성공은 사용자의 초기 수용을 넘어, 서비스를 계속 사용하려는 지속적 이용 의향을 확보하는 데 달려 있다. 본 절에서는 본 연구의 종속변수인 '지속적 이용 의향'에 영향을 미치는 '플랫폼 신뢰도'와 '이용 만족도'의 이론적 배경을 선행 연구를 통해 심도 있게 검토하여 연구 가설 5와 6의 타당성을 뒷받침하고자 한다.

1. 기대-일치 이론(ECT)과 만족도의 역할

사용자의 지속적 이용 의향을 설명하는 가장 대표적인 이론적 틀은 Bhattacherjee(2001)에 의해 정보시스템 분야에 도입된 기대-일치 이론(ECT)이다. 이 이론에 따르면, 사용자의 지속적 이용 의향은 초기 기대(Expectation), 지각된 성과(Perceived Performance), 일치/불일치(Confirmation/Disconfirmation)를 거쳐 형성된 '만족(Satisfaction)'에 의해 직접적으로 결정된다.

수많은 선행 연구는 ECT 모델의 설명력을 입증하며, '만족도'가 지속적 이용 의향에 영향을 미치는 가장 강력하고 일관된 직접적 선행 변수임을 확인하였다. 본 연구에서도 기술수용모델(TAM)의 '지각된 유용성'을 포괄하는 개념으로서 '이용 만족도'를 주요 변수로 설정하였으며, 연구 가설 6(플랫폼 이용 만족도는 지속적 이용 의향에 정(+)의 영향을 미칠 것이다)은 이러한 이론적 흐름에 기반한다. 실증 분석 결과, 이용 만족도는 지속적 이용 의향에 유의미한 긍정적 영향을 미치는 것으로 나타나(β=.36, p<.001), 선행 연구의 결과를 지지하였다.

2. 신뢰(Trust)의 결정적 역할: 불확실성 하에서의 장기적 관계 형성

그러나 KN541과 같이 미래의 가치를 약속하는 혁신적인 모델에서는 현재의 경험에 대한 '만족도'만으로는 사용자의 장기적인 충성도를 온전히 설명하기 어렵다. 온라인 환경의 불확실성과 정보 비대칭성으로 인해, 사용자의 지속적 이용 의향을 형성하는 데 '신뢰(Trust)'가 결정적인 역할을 수행한다.

선행 연구들은 신뢰가 사용자의 지각된 위험을 낮추고, 긍정적인 태도를 형성하며, 장기적인 관계 몰입을 유도하는 핵심적인 심리적 기제임을 밝혀 왔다. 특히 플랫폼의 비전과 철학이 중요한 가치 제안으로 작용하는 경우, 신뢰는 현재의 기능적 만족도를 뛰어넘는 영향력을 발휘한다. 본 연구는 이러한 맥락에서 연구 가설 5(플랫폼 신뢰도는 지속적 이용 의향에 정(+)의 영향을 미칠 것이다)를 설정하였다.

실증 분석 결과는 이러한 신뢰의 중요성을 명확하게 보여 준다. 플랫폼 신뢰도는 지속적 이용 의향에 매우 강력한 긍정적 영향을 미쳤으며(β=.49, p<.001), 그 영향력은 이용 만족도(β=.36)보다 상대적으로 더 큰 것으로 나타났다. 이는 본 연구의 핵심 문제인 '비전-실행 격차'와 직접적으로 연결하여 해석할 수 있다. 즉, 사용자들은 현재 플랫폼의 기능적 측면(만족도 관련 요인)에 일부 불만을 가지고 있음에도 불구하고, 플랫폼의 장기적인 비전과 철학에 대한 깊은 신뢰를 바탕으로 기꺼이 장기적인 참여를 약속하고 있는 것이다.

제4장   KN541 플랫폼 개관과 차별성 및 특성 분석

앞선 장에서 KN541 플랫폼의 '생산자-소비자 융합' 모델을 분석하기 위한 다각적인 이론적 틀을 구축하였다. 본 장에서는 이러한 이론적 배경을 바탕으로, 연구의 핵심 대상인 KN541 플랫폼 자체를 심층적으로 분석하고자 한다. KN541 플랫폼은 단순한 상업적 서비스를 넘어, 그 이면에 뚜렷한 철학적 기반과 독창적인 경제 시스템을 내포하고 있다.

따라서 본 장에서는 먼저 플랫폼의 근간을 이루는 철학과 핵심 비즈니스 모델인 '생소융합'의 개념, 그리고 이를 구현하는 구체적인 운영 메커니즘을 상세히 기술한다. 이어서, 이러한 특성들이 기존의 플랫폼 모델 및 관련 선행 연구와 어떻게 차별화되는지를 명확히 하여 본 연구가 다루고자 하는 학술적 공백을 제시한다. 마지막으로 플랫폼의 핵심 가치, 서비스, 회원 시스템, 마케팅 전략, 그리고 가상 자산 활용 방안 등 각 구성 요소를 세부적으로 분석하고, 이들이 제2장의 이론적 배경과 어떻게 논리적으로 연계되는지를 규명한다.

이러한 종합적인 분석은 KN541 플랫폼이라는 복합적인 현상에 대한 깊이 있는 이해를 제공하며, 제5장에서 설정할 구체적인 연구 모형과 가설의 타당성을 뒷받침하는 견고한 토대가 될 것이다.

제1절 | KN541 플랫폼의 개요와 핵심 메커니즘

KN541 플랫폼은 단순한 전자상거래 사이트가 아니라, 현대 자본주의의 구조적 문제에 대한 대안을 제시하려는 명확한 철학적 기반 위에서 설계된 사회-경제적 시스템이다. 플랫폼의 작동 방식을 이해하기 위해서는 그 이념적 토대와 핵심적인 운영 메커니즘을 종합적으로 파악해야 한다.

1. 철학적 기반: 'KN541 이즘(ISM)'과 '코이노니아(Koinonia)' 정신

KN541 플랫폼의 근간을 이루는 사상 체계는 'KN541 이즘(ISM)'으로 명명된다. 이는 21세기 소비 사회가 야기한 부의 양극화와 환경 위기라는 이중의 위기에 대한 근본적인 문제의식에서 출발한다. 플랫폼의 창립자들은 개인의 생존 문제인 '오늘의 빵'을 해결하는 것을 넘어, 공동체 구성원 '모두의 빵'을 함께 해결하는 시스템을 구축하는 것을 목표로 삼았다(정차조, 2024; 허남식, 정차조, 2025).

이 철학의 핵심에는 고대 그리스의 '코이노니아(Koinonia)' 정신, 즉 나눔, 친교, 공동체, 소통의 가치가 깊이 자리 잡고 있다. KN541은 파편화된 개인들을 소비라는 행위를 통해 하나의 공동체로 묶고, 그 안에서 경제적 가치와 사회적 유대를 동시에 창출하고자 한다. 이는 단기적 이윤 극대화를 최우선으로 하는 기존 상업 플랫폼과는 근본적으로 다른 출발점이다.

2. 핵심 비즈니스 모델: '생소융합(生消融合)'

'생소융합'은 생산자(Producer)와 소비자(Consumer)의 경계를 허물고 융합한다는 의미로, KN541 플랫폼의 핵심 비즈니스 모델이자 철학적 실천 원리이다. 이는 소비를 단순한 가치 소모 행위가 아니라, 새로운 가치를 창출하는 생산적 투자 행위로 재정의한다. 소비자들이 '541 포메이션'이라는 이름의 소비 공동체를 형성하여 생산 과정에 직접 참여하고, 그 결과로 발생하는 이익을 공유하는 구조이다. 이는 소비자가 플랫폼의 주주이자 파트너로서 명확한 경제적 권리를 갖는다는 점에서, 전통적인 프로슈머 개념을 넘어선 '프로슈머 2.0' 모델로 볼 수 있다.

3. 핵심 운영 메커니즘

KN541의 철학과 비즈니스 모델은 다음과 같은 구체적인 메커니즘을 통해 구현된다.

가. 사전 예약 구매(Pre-order Purchase System)

생소융합을 실현하는 가장 핵심적인 도구이다. 소비자들이 공동으로 상품을 선주문하면, 플랫폼은 이 자금을 제조사에 100% 선지급한다. 이는 생산자에게는 재고 부담과 마케팅 비용 없이 안정적인 생산 기반을 제공하고, 소비자에게는 유통 마진이 제거된 고품질의 제품을 저렴한 가격에 구매할 수 있는 기회를 제공한다. 이는 전통적인 '생산 후 판매'의 공급망을 '수요 기반 생산'으로 근본적으로 전환시키는 혁신이다.

나. 541 가치 분배(541 Value Distribution)

플랫폼에서 창출된 모든 가치는 '행위자 50%, 공유 40%, 기여자 10%'라는 독창적인 배분 원칙에 따라 참여자들에게 배당으로 지급된다. 이는 플랫폼의 이익이 소수 주주에게 독점되는 것을 막고, 가치 창출에 기여한 모든 구성원에게 공정하게 분배되도록 하는 제도적 장치이다.

다. 자가 쇼핑몰(Self-owned Shopping Mall)

플랫폼은 모든 회원에게 무료로 개인 쇼핑몰(1인 백화점)을 제공하여, 수동적인 소비자를 능동적인 기업가로 전환시킨다. 회원들은 자신의 쇼핑몰을 통해 상품을 판매하고 수익을 창출할 수 있으며, '지구 사랑'을 실천하는 '그린플루언서(Green-fluencer)'로서 활동하게 된다(정차조 외, 2025).

라. GreenT 가상 자산 (GreenT Virtual Asset)

GreenT는 KN541 생태계의 기축통화 역할을 하는 가상 자산이다. 이는 단순한 포인트 시스템을 넘어 플랫폼 내 결제, 직영 프랜차이즈 담보, 메타

버스 상권 투자, 광고 수익 배당, 주식 교환 등 다목적 수단으로 활용되도록 설계되었다. 이는 플랫폼 내에서 가치가 원활하게 순환하고 축적될 수 있도록 하는 핵심적인 금융 인프라이다.

제2절 | 선행 연구와의 차별성 및 연구 공백

KN541 플랫폼은 제3장에서 검토한 기존 플랫폼 모델 및 선행 연구들과 비교하여 다음과 같은 핵심적인 차별성을 가지며, 이는 본 연구의 학술적 독창성과 연구의 필요성을 명확히 한다.

1. 철학적 기반의 내재화와 ESG 가치의 완전한 통합

대부분의 상업적 플랫폼이 이윤 추구를 최우선 목표로 하고 ESG를 부가적인 활동으로 간주하는 반면, KN541은 경제적 불평등과 환경 문제 해결이라는 사회적 목표를 담은 'KN541 이즘'이라는 명확한 이념을 비즈니스 모델의 핵심에 내재화했다는 점에서 근본적인 차이를 보인다(정차조, 2024; 허남식, 정차조, 2025). '지구 사랑'으로 대표되는 환경적 책임은 기업 이미지 제고를 위한 활동(CSR)이 아니라, 플랫폼의 존재 이유이자 비즈니스 모델의 핵심 구성 요소이다.

2. 프로슈머 모델의 진화: 직접적 이익 공유와 수요 중심 생산

기존 프로슈머 모델이 소비자의 아이디어를 활용하는 '가치 공동 창조' 수준에 머물렀다면, KN541은 소비자가 유통, 생산, 심지어 주식 배당까지 직접적인 재무적 성과를 공유하는 '주주형 프로슈머' 모델을 제시한다. 또한, '사전 예약 구매' 시스템을 통해 생산자 중심의 추측 생산에서 소비자 집단 수요 중심의 주문 생산으로 공급망 패러다임을 전환함으로써, 과잉생산과 자원 낭비라는 산업 자본주의의 고질적인 문제를 해결하려는 혁신적인 접근을 시도한다.

3. 자생적 경제 시스템과 급진적 사용자 권한 위임

GreenT 가상 자산은 단순한 보상 포인트가 아니라, 결제, 담보, 투자 등 복합적인 기능을 수행하며 플랫폼 내에서 자생적인 경제 순환을 목표로 하는 고유 자산(Native Virtual Asset)이다. 또한 '자가 쇼핑몰' 개념은 사용자에게 단순히 상품을 추천하는 수준을 넘어, 직접 상품을 소싱하고 판매하는 기업가적 권한을 대규모로 위임한다. 이는 사용자를 플랫폼의 수동적 참여자가 아닌, 생태계를 함께 만들어 가는 능동적 파트너로 위치시킨다는 점에서 차별화된다(정차조 외, 2025).

4. 연구 접근법과 학술적 공백

기존 연구들이 공유 경제, 프로슈머 등 개별 이론적 관점에서 현상을 분석한 반면, 본 연구는 이러한 다양한 이론을 통합하여 KN541 플랫폼의 복합적인 특성을 종합적으로 분석한다. 특히, 이미 운영 중인 플랫폼의 성과를 분석한 대부분의 연구와 달리, 본 연구는 서비스가 본격화되는 초기 단계에서 사용자들의 기대와 인식을 사전에 탐구함으로써, 혁신적 모델의 초기 수용 과정을 심층적으로 분석한다는 점에서 연구 공백을 메운다.

제3절 | 핵심 가치와 경제 시스템

KN541 플랫폼은 전통적인 경제 시스템과 차별화되는 독특한 가치 체계와 경제 모델을 제시하고 있다. 본 절에서는 플랫폼의 핵심 가치인 '생산자-소비자 융합 모델', '소비가 곧 수익'이라는 가치 제안, 그리고 지속가능한 경제 생태계 구축 방향을 분석한다.

1. 생산자-소비자 융합 모델(生消融合)

KN541 플랫폼의 핵심 가치는 '생산자-소비자 융합(生消融合)'이다. 이는 제2장에서 논의한 Toffler(1980)의 프로슈머 개념과 Prahalad & Ramaswamy(2004)의 공동 창조 개념을 더욱 확장하여, 소비자가 단순히 생산 과정에 참여하는 것을 넘어 플랫폼의 주요 운영자이자 수익 공유자로 역할을 확장하는 모델이다. 이 모델은 Srnicek(2016)이 지적한 플랫폼 자본주의의 불균형 문제를 해결하기 위한 대안적 접근으로, 소비자는 상품 구매자, 판매자, 마케팅 주체 등 다양한 역할을 수행하며 가치 사슬의 전 단계에 참여할 수 있도록 설계되었다(정차조, 2024).

2. '소비가 곧 수익'이라는 가치 제안

플랫폼의 또 다른 핵심 가치는 '소비가 곧 수익'이라는 독특한 경제적 관점이다. 이는 선물 경제의 호혜성과 플랫폼 경제의 네트워크 효과를 결합한 형태로, 소비 활동이 자산 형성과 직접 연결되는 새로운 경제 모델을 제안한다. 이 모델은 소비자의 다양한 플랫폼 내 활동(구매, 리뷰, 추천 등)에 대해 'GreenT'라는 가상 자산으로 보상하고, 상품 판매를 통한 직접 수익 창출 기회를 제공하며, 플랫폼 전체 수익의 일부를 회원들에게 배당하는 다층적 메커니즘을 통해 구현된다. 이는 소비를 단순한 지출이 아닌 투자와 가치 창출의 과정으로 재정의함으로써, 사용자들의 소비 행태에 대한 심리적 인식을 변화시키고자 한다.

3. 지속가능한 경제 생태계 구축

KN541 플랫폼은 경제적 가치뿐만 아니라 사회적, 환경적 가치를 함께 추구하는 지속 가능한 경제 생태계 구축을 지향한다. 이는 제2장에서 다룬 Peattie(2010)의 녹색 소비와 Belz & Peattie(2012)의 협동 소비 개념을 실천적으로 적용한 것이다. 구체적으로 친환경 상품 우대, 자원 재활용 촉진 등 환경 보호(E) 가치를 실현하고, 공정 거래와 상생 협력을 통해 사회적 책임(S) 활동을 수행하며, 블록체인 기술을 활용한 거래 투명성 확보를 통해 투명 경영(G)을 실천하고자 한다. 이는 ESG 가치를 마케팅 수단이 아닌 비즈니스 모델의 핵심으로 통합하려는 시도로 평가될 수 있다(허남식, 정차조, 2025).

제4절 | KN541 플랫폼 서비스 및 기능

KN541 플랫폼은 '생산자-소비자 융합' 모델을 구현하기 위해 다음과 같은 구체적인 서비스와 기능을 계획 및 운영하고 있다.

1. KN541 샵(SHOP) 개념 및 기대 효과

2025년 6월에 출시된 KN541 샵(SHOP)은 플랫폼의 핵심 서비스로, 소비자가 단순히 상품을 구매하는 곳이 아니라 생산 계획과 제품 개발에 참여하고 가치를 공유받는 혁신적인 쇼핑 플랫폼으로 설계되었다. 주요 계획된 특성으로는 ① 소비자 참여형 상품 기획 시스템, ② 블록체인 기반의 투명한 거래 및 수익 배분 시스템, ③ 사용자 생성 콘텐츠(UGC)를 활용한 상품 개선 시스템, ④ ESG 가치에 부합하는 상품 우선 소개 등이 있다. 이를 통해 제품 만족도 향상, 브랜드 충성도 강화, 플랫폼 활성화 등의 효과가 기대된다. 이는 Hoyer 등(2010)의 연구에서 제시된 소비자 주도 혁신의 이점을 실현하는 것이다.

2. 사전 예약 구매 시스템 설계 및 특성

2025년 6월 8일부터 28일까지 시범 테스트를 거쳐 운영 중인 사전 예약 구매 시스템은 소비자의 수요를 기반으로 상품을 생산하고, 생산 과정에 참여한 소비자와 수익을 공유하는 혁신적인 모델이다. 이는 공동 창조(Prahalad & Ramaswamy, 2004)와 맞춤형 생산(Pine II, 1993) 개념이 결합된 형태이다. 주요 특성으로는 ① 수요 기반 생산을 통한 재고 리스크 최소화, ② 소비자가 생산 과정에 직접 참여하는 '협력적 맞춤화', ③ 참여 소비자에 대한 수익 배당, ④ 참여자에 대한 가격 할인 인센티브 등이 있다. 이를 통해 생산 효율성 증대, 제품 만족도 향상, 플랫폼 충성도 강화, 제품 개발 주기 단축 등의 효과가 기대된다.

3. 전자 오두막 (O2O 기반 커뮤니티) 계획

KN541 플랫폼은 온라인과 오프라인을 연계한 O2O(Online to Offline) 기반의 지역 커뮤니티 매장 시스템인 '전자 오두막'을 계획하고 있다. 이는 공유 경제와 협동 소비 개념이 지역 사회에 적용된 형태로 볼 수 있다. 전자 오두막은 ① 지역 회원들의 오프라인 활동 공간 제공, ② KN541 숍 상품의 실물 전시 및 판매, ③ 워크숍, 세미나 등 지식 공유의 장, ④ 지역 생산자와 연계를 통한 로컬 비즈니스 지원 등의 기능을 수행하도록 설계되고 있다. 이를 통해 회원 간 유대감 강화, 플랫폼의 사회적 영향력 확대, 온-오프라인 통합을 통한 신뢰 강화 등의 효과가 기대된다.

제5절 | 회원 시스템과 혜택

KN541 플랫폼은 '생산자-소비자 융합' 모델을 효과적으로 구현하고 참여를 촉진하기 위해 체계적인 회원 시스템과 다층적인 혜택 구조를 설계하고 있다.

1. 멤버십 단계별 구조

플랫폼은 회원의 참여도와 기여도에 따라 차별화된 혜택을 제공하는 멤버십 단계 시스템을 운영하고 있다.

가. 준회원(Preparatory Member)

월 이용료를 납부하는 초기 단계 회원으로, 기본적인 플랫폼 활동과 정보 접근이 가능하다.

나. 정회원(Regular Member)

연 이용료를 납부한 회원으로, KN541 숍과 사전 예약 구매 제도에 참여할 수 있는 권한이 부여될 예정이다.

다. Club 2000 멤버

정회원 20명을 추천하거나 일정 금액을 납부한 핵심 회원으로, 플랫폼 내에서 더 높은 수준의 혜택과 의사결정 권한이 제공될 계획이다.

이러한 구조는 기존의 단기적 혜택 중심의 충성도 프로그램을 넘어, 플랫폼 운영 참여권, 수익 공유 등 장기적이고 구조적인 혜택을 제공함으로써 Oliver(1999) 등이 지적한 한계를 극복하려는 시도로 볼 수 있다.

2. 수익 배분 체계

플랫폼의 가장 특징적인 요소는 투명하고 체계적인 수익 배분 시스템이다. 이는 선물 경제와 협동 소비 원리가 구체적인 수익 모델로 구현된 형태이다. 주요 특징으로는 ① 활동 기여에 따른 직접 보상, ② 추천 및 공유 활동에 대한 수익 배분, ③ 플랫폼 전체 수익의 일부 배당, ④ 블록체인 기술을 활용한 투명한 공개 등이 있다. 이는 Sundararajan(2016)이 지적한 플랫폼 수익의 불균등한 분배 문제를 해결하기 위한 대안적 접근이다.

3. 다양한 참여 인센티브

플랫폼은 회원들의 적극적인 참여를 유도하기 위해 경지적 인센티브와 비경제적 인센티브를 결합한 통합적인 보상 시스템을 계획하고 있다.

- **경제적 인센티브**: 활동에 대한 가상 자산 GreenT 지급, 플랫폼 운영사 주식 배분 계획 등을 통해 실질적인 금전적 가치를 제공한다.
- **비경제적 인센티브**: KN541 샵 운영 등에 관한 교육 및 컨설팅을 제공하여 회원들의 역량 강화를 지원하고, 우수 회원 표창, 성공 사례 공유 등을 통해 사회적 인정을 제공할 예정이다. 이는 사용자들의 참여 동기를 다각도로 자극하여, 금전적 이익을 넘어 자기계발, 사회적 관계 형성, 공동체 기여 등 다양한 가치를 추구하도록 유도하는 것을 목표로 한다.

제6절 | 마케팅 전략과 비전

KN541 플랫폼은 기존의 기업 주도적 마케팅 접근법과 차별화된 전략과 비전을 계획하고 있다.

1. 회원 중심 마케팅 전략

플랫폼은 전통적인 마케팅이 아닌, 회원들이 주체가 되는 참여형 마케팅 전략을 채택할 계획이다. 이는 프로슈머와 개방 혁신 개념이 마케팅 영역에 확장 적용된 형태이다. 주요 전략으로는 ① 회원들의 사용자 생성 콘텐츠(UGC) 활용, ② 회원들의 소셜 네트워크를 통한 자발적 구전 효과, ③ 지인 추천 프로그램 운영, ④ 커뮤니티 활동을 통한 브랜드 충성도 강화 등이 있다. 이는 마케팅 비용을 절감하는 동시에, 사용자 생성 콘텐츠의 진정성과 신뢰성을 통해 더욱 강력하고 유기적인 확산 효과를 창출하는 것을 목표로 한다.

2. 통합 채널 전략

플랫폼은 온라인과 오프라인을 아우르는 통합 채널 전략(Omni-channel Strategy)을 통해 회원들에게 일관된 경험을 제공하고자 한다. 주요 계획으로는 ① 온라인 플랫폼, 모바일 앱, 오프라인 매장(전자 오두막) 등 다양한 채널에서 일관된 브랜드 경험 제공, ② 온·오프라인 활동 통합 분석을 통한 개인화된 서비스 제공, ③ 온·오프라인 참여가 서로 이어지는 순환적 마케팅 전략 구상 등이 있다. 특히 계획 중인 '전자 오두막'은 디지털 커뮤니티에 물리적 기반을 제공함으로써, 온라인 상호작용의 한계를 보완하고 회원들 간의 신뢰와 유대감을 강화하는 중요한 역할을 수행할 것으로 기대된다.

3. 지속가능한 성장 비전

KN541 플랫폼은 단기적인 성과를 넘어, 모든 참여자가 함께 성장하는 지속 가능한 경제 생태계 구축을 궁극적인 비전으로 삼고 있다. 주요 비전 요소로는 ① 수익의 공정한 분배를 통한 상생 구조 추구, ② 사회 통합에 기여, ③ 환경 보호에 기여 등이 있다. 궁극적으로 플랫폼은 기존의 자본주의적 경제 질서를 넘어, 소비자와 생산자가 융합되고 수익이 공정하게 분배되는 새로운 경제 패러다임인 '신세계 질서'를 추구하는 것을 목표로 한다(정차조, 2024). 이는 플랫폼의 정체성을 강화하고, 유사한 가치를 추구하는 회원들을 유인하는 강력한 동기 부여 요소로 작용할 것으로 예상된다.

제7절 | 가상 자산 활용

KN541 플랫폼은 가상 자산인 GreenT를 중심으로 독특한 경제 시스템을 구축하여 플랫폼의 비전을 실현하고자 한다.

1. GreenT의 역할과 기능

가상 자산 'GreenT'는 플랫폼 내 모든 경제 활동의 핵심 매개체로 기능하도록 설계되었다. 주요 역할과 기능은 다음과 같다.

- **결제 수단**: 플랫폼 내에서 상품 구매, 서비스 이용 등 다양한 거래에 사용되는 기본 결제 수단으로 기능한다.
- **인센티브**: 플랫폼 활동(리뷰, 추천 등)에 대한 보상으로 지급된다.
- **자산**: 플랫폼의 성장에 따라 가치가 상승할 수 있어 자산으로서의 기능을 수행하도록 설계되었다.
- **기여도 지표**: 회원의 GreenT 보유량은 플랫폼 내 활동 수준과 기여도를 나타내는 지표가 될 수 있다.

이는 단순한 포인트나 마일리지를 넘어, 잠재적인 투자 가치를 제공함으로써 회원들의 참여 동기를 더욱 강력하게 자극하는 것을 목표로 한다.

2. 가상 자산을 통한 가치 공유

GreenT는 플랫폼 성장의 가치를 회원들과 공유하는 핵심 메커니즘이다. 이는 공유 경제와 선물 경제 개념이 가상 자산을 통해 구현된 형태이다. 주요 메커니즘으로는 ① 활동 기여에 대한 GreenT 보상, ② 플랫폼 성장에 따른 GreenT 가치 상승 혜택 공유, ③ 새로운 가치 창출(투자, 프로젝트 참여 등)에 직접 참여할 기회 제공 등이 있다. 이는 제1장에서 언급된 "소비자가 플랫폼의 성장에 기여하고 그 결과물을 공유하는 새로운 형태의 소비자 주권 시대"와 직접적으로 연결된다.

3. 실물 경제와의 연계 방안

KN541은 GreenT를 실물 경제와 유기적으로 연계하여 가상과 현실을 잇는 통합 경제 시스템을 구축하고자 한다. 연계 방식은 다음과 같다.

- KN541 숍(SHOP) 및 오프라인 매장(전자 오두막)에서 실물 상품 구매 및 결제 수단으로 활용.
- 일정 조건하에서 GreenT를 실물 화폐로 교환할 수 있는 시스템 제공.

- 플랫폼의 실질적인 경제 성과와 GreenT의 가치를 연동시켜 안정적인 가치 기반 구축.

이는 가상 자산이 단순한 투기 대상을 넘어 일상 경제 활동의 핵심 매개체로 기능하는 새로운 경제 패러다임을 제시하는 것을 목표로 한다(정차조 외, 2025).

제8절 | 이론적 배경과 KN541 플랫폼의 논리적 연계성

본 연구에서 설정한 연구 모형은 제2장에서 고찰한 이론적 배경과 제4장에서 분석한 KN541 플랫폼의 특성을 논리적으로 연결하는 데 기반을 둔다.

1. 혁신확산이론(IDT)의 적용

KN541의 '생소융합' 모델은 기존의 소비 패러다임을 전환하는 급진적 '혁신'에 해당한다. IDT에 따르면, 개인의 내재적 성향인 '디지털 혁신성'은 이처럼 복잡하고 새로운 개념을 이해하고 수용하는 데 중요한 선행 요인이 될 것이다. 즉, 새로운 디지털 경험에 개방적인 사람일수록 생소융합이라는 낯선 개념을 더 쉽게 이해할 것이라는 논리적 추론이 가능하다.

2. 기술수용모델(TAM)의 적용

KN541 플랫폼은 생소융합이라는 '혁신'을 구현하는 구체적인 '기술'이다. TAM은 사용자들이 이 기술적 도구를 어떻게 평가하고 사용하려 하는지를 설명하는 데 유용하다. TAM의 핵심 변수인 '지각된 유용성'은 KN541이 약속하는 경제적 보상과 사회적 가치에 대한 사용자의 기대로, 본 연구에서는 이를 포괄하는 '이용 만족도'로 측정하였다.

3. 신뢰 변수의 추가 및 이론의 통합

본 연구는 IDT와 TAM을 단순히 병렬적으로 나열하는 것이 아니라 논리적 순서에 따라 통합한다. 즉, 사용자가 '생소융합'이라는 혁신의 개념을 먼저 이해하고 긍정적으로 받아들여야(IDT적 관점), 그 혁신을 구현하는 기술인 KN541 플랫폼의 유용성을 높게 평가하고 만족할 것(TAM적 관점)이라는 인과 관계를 가정한다.

특히 KN541 플랫폼은 현재의 기능적 완결성보다는 미래의 비전과 약속에 기반하여 사용자의 참여를 유도하고 있다. 이러한 고도의 불확실성 상황에서는 기술의 기능적 측면만큼이나 플랫폼 운영 주체와 그 비전에 대한 '신뢰'가 사용자 태도 형성에 결정적인 역할을 할 것이다. 이는 Gefen 등(2003)의 연구에서처럼, 전통적인 TAM에 신뢰 변수를 추가하는 것이 모델의 설명력을 높이는 데 필수적임을 시사한다.

제9절 | 소결: KN541 플랫폼의 통합적 특성

본 장에서는 KN541 플랫폼의 철학, 비즈니스 모델, 서비스, 전략 등 다양한 측면을 종합적으로 분석하였다. 분석 결과, KN541 플랫폼은 개별 이론만으로는 완전히 설명되지 않는 다음과 같은 통합적 특성을 가지고 있음을 확인할 수 있다.

1. KN541 플랫폼의 통합적 특성

다층적 가치 공유 시스템: 공유 경제의 자원 공유, 플랫폼 경제의 네트워크 효과, 선물 경제의 호혜성이 결합되어 단계적이고 지속가능한 가치 공유 시스템을 형성한다.

- **순환적 생산-소비 생태계**: 협동소비의 공동 참여, 맞춤형 생산의 개인화, 개방

- 혁신의 외부 자원 활용이 결합되어 소비자의 요구가 생산으로 생산 결과가 다시 소비로 이어지는 선순환 구조를 만든다.
- **참여적 거버넌스 모델**: 소비자 참여와 공동 창조의 원리를 확장하여 소비자가 단순한 참여자를 넘어 플랫폼 운영의 의사결정에까지 참여하는 거버넌스 모델을 구현한다.
- **지속가능성 중심 설계**: 녹색소비의 환경 가치와 ESG 경영의 사회적 책임이 플랫폼의 모든 기능과 프로세스에 내재화되어 있다.
- **디지털 기술 융합**: 블록체인, AI 등 첨단 디지털 기술이 위의 모든 요소들을 통합하고 최적화하는 핵심 인프라로 작용한다.

이러한 통합적 특성은 KN541 플랫폼이 단순한 쇼핑몰을 넘어, 생산과 소비, 경제적 가치와 사회적 가치, 온라인과 오프라인을 유기적으로 연결하는 새로운 경제 생태계를 지향함을 보여 준다.

2. FGI 연구를 위한 방향성

앞서 분석한 플랫폼의 특성과 차별성을 바탕으로, 후속 FGI 연구는 다음과 같은 방향성을 가지고 설계되었다.

- **멤버십 단계별 및 연령대별 차이 분석**: 각 그룹에 따라 플랫폼에 대한 이해, 기대, 참여 동기가 어떻게 다른지를 심층적으로 탐구한다.
- **핵심 서비스에 대한 기대와 우려 탐구**: 2025년 6월에 출시된 KN541 숍(SHOP)과 사전 예약 구매 제도에 대한 회원들의 구체적인 기대와 우려를 중점적으로 탐구한다.
- **핵심 개념 및 가치에 대한 인식 파악**: '생소융합' 개념, GreenT 가상 자산, ESG 가치에 대한 회원들의 이해, 인식, 활용 의향을 구체적으로 조사한다.

이러한 방향성을 바탕으로 한 심층적 탐구는 플랫폼의 효과적인 운영을 위한 실질적인 통찰과 제언을 도출하는 데 기여할 것이다

| 제5장 | **연구 모형 및 가설 설정** |

제2장과 제3장에서의 이론적 배경 및 선행 연구 고찰, 그리고 제4장에서의 KN541 플랫폼 특성 분석을 바탕으로, 본 장에서는 연구의 핵심적인 골격을 이루는 연구 모형을 제시하고, 이를 통해 검증하고자 하는 구체적인 연구 가설들을 설정한다.

본 연구 모형은 KN541 플랫폼의 '생소융합'이라는 혁신적 모델에 대한 사용자 수용 과정을 다차원적인 심리적 메커니즘으로 설명하기 위해 설계되었다. 특히, 사용자의 개인적 특성이 플랫폼의 핵심 철학에 대한 이해도를 통해 플랫폼에 대한 태도(신뢰, 만족)를 형성하고, 이것이 최종적으로 지속적 이용 의향이라는 행동 의도로 이어지는 인과적 경로를 규명하는 데 초점을 맞춘다. 이는 본 연구의 목적인 '비전-실행 격차' 속에서 사용자의 지속적 참여를 이끌어 내는 동인을 밝히는 것과 직접적으로 연결된다.

제1절에서는 연구의 전체적인 구조와 각 변수 선정의 타당성을 심층적으로 분석하고, 제2절에서는 연구 모형을 시각적으로 제시하며, 제3절에서는 각 경로에 대한 이론적 근거를 바탕으로 6개의 연구 가설을 구체적으로 도출한다.

제1절 | 연구 모형의 설계

1. 모델의 전체 구조 및 논리적 흐름

본 연구는 KN541 플랫폼의 사용자 수용 과정을 설명하기 위해, 개인의 선천적 특성이 인지적 이해와 감정적 태도를 거쳐 최종적인 행동 의도로 연결되는 순차적 다중 매개 모형을 설계하였다. 이 모델은 다음과 같은 논리적 인과 사슬을 가정한다.

> 개인의 특성(Personal Traits) → 인지적 이해(Cognitive Understanding) → 감정적 태도(Affective Attitude) → 행동 의도(Behavioral Intention)

이러한 구조를 채택한 이유는, KN541 플랫폼의 수용 과정이 단순히 플랫폼의 기능적 우수성에 의해 결정되는 것이 아니라, 사용자가 플랫폼의 복잡하고 추상적인 철학을 먼저 '이해'하고, 그 이해를 바탕으로 '신뢰'와 '만족'이라는 태도를 형성한 뒤, 비로소 장기적인 참여를 결심하는 심층적인 심리적 과정을 거칠 것이라는 판단 때문이다. 이는 단순히 변수 간의 직접적인 영향만을 살펴보는 것보다, 사용자의 내면에서 어떠한 기제를 통해 태도와 행동이 형성되는지를 규명함으로써 연구 문제에 대해 더 깊이 있고 풍부한 해답을 제공할 수 있다.

2. 변수 선정의 타당성 및 신뢰성 분석

본 연구 모형에 포함된 독립변수, 매개변수, 종속변수는 이론적 배경과 FGI 및 설문 조사를 통해 나타난 KN541 플랫폼의 고유한 맥락을 종합적으로 고려하여 선정되었으며, 각 변수의 선정 타당성은 다음과 같다.

> 가. 독립변수(Independent Variables): 개인의 선천적 특성

- **디지털 혁신성 (Digital Innovativeness)**: KN541의 '생소융합' 모델은 기존에 없던 급진적 혁신이다. 혁신확산이론(IDT)에 따르면, 개인의 혁신성은 이러한 새로운 개념을 수용하는 데 있어 중요한 예측 변수이다(Agarwal &

Prasad, 1998). FGI 질문지와 일반 설문지에서도 새로운 서비스 시도, 디지털 기기 활용 능력 등을 측정하여 이 변수의 중요성을 확인하고자 하였다. 따라서 새로운 디지털 경험에 개방적인 개인의 성향은 연구의 출발점이 되는 핵심 독립변수로서 높은 타당성을 가진다.

- **기업가적 성향(Entrepreneurial Orientation)**: FGI 분석 결과, KN541 참여자들의 가장 큰 동기는 '경제적 수익 창출'이었으며, '자가 쇼핑몰' 운영과 같은 새로운 비즈니스 기회에 대한 높은 관심을 보였다. 이는 일반적인 플랫폼 사용자에게서는 쉽게 발견되지 않는, KN541 핵심 사용자 집단의 뚜렷한 특징이다. 따라서 이들의 기업가적 성향을 독립변수로 설정하는 것은 KN541 플랫폼의 수용 과정을 설명하는 데 있어 매우 높은 맥락적 타당성과 신뢰성을 확보하는 길이다.

나. 매개변수 (Mediating Variables): 인지적 이해와 감정적 태도

- **생소융합 개념 이해도(1차 매개변수)**: 본 연구의 FGI와 설문 조사 모두에서 '생소융합', '소비가 곧 수익'이라는 개념에 대한 이해도를 반복적으로 측정하였다. 이는 이 개념이 단순한 슬로건이 아니라, 사용자가 플랫폼의 가치를 인지하는 '인지적 관문(Cognitive Gateway)' 역할을 하기 때문이다. KN541의 독창적인 철학(정차조, 2024; 허남식, 정차조, 2025)을 이해하지 못하고서는 플랫폼에 대한 진정한 신뢰나 만족을 형성하기 어렵다. 따라서 이 변수는 개인의 특성이 태도로 전환되는 과정을 설명하는 첫 번째 핵심 매개변수로서 타당하다.
- **플랫폼 신뢰도 및 이용 만족도(2차 매개변수)**: FGI를 통해 발견된 '비전-실행 격차'는 사용자들이 플랫폼에 대해 두 가지의 분리된 태도를 동시에 가지고 있음을 시사한다. '플랫폼 신뢰도'는 설계자의 비전과 미래 가치에 대한 믿음, 즉 '비전(Vision)'에 대한 긍정적 태도를 반영한다. 반면, '이용 만족도'는 현재 플

랫폼의 기능, 상품, 시스템 등 '실행(Execution)' 수준에 대한 기대를 반영한다. 이 두 변수를 분리하여 측정함으로써, 비전에 대한 신뢰가 현재의 불만족을 상쇄하고 장기적인 참여를 이끌어 내는 KN541의 독특한 사용자 심리를 정교하게 포착할 수 있으므로, 두 변수는 핵심적인 2차 매개변수로서 높은 타당성을 가진다.

3. 종속변수 (Dependent Variable): 최종 행동 의도

지속적 이용 의향 (Continuous Usage Intention): 플랫폼 비즈니스의 성공은 일회성 사용이 아닌 사용자의 장기적인 충성도에 달려 있다. 기대-일치 이론(Bhattacherjee, 2001) 및 신뢰 기반 이론들은 지속적 이용 의향이 플랫폼의 지속가능성을 예측하는 가장 중요한 변수임을 강조한다. FGI와 설문 조사에서도 장기 이용 계획, 타 플랫폼 대비 우선 이용, 추천 의향 등을 측정하여 이 변수의 중요성을 확인하였다. 따라서 지속적 이용 의향은 본 연구의 최종 종속변수로서 이론적, 실무적으로 매우 높은 타당성을 확보한다.

제2절 | 연구 모형

앞서 논의된 변수 간의 논리적 흐름과 인과 관계를 바탕으로, 본 연구의 최종 연구 모형을 〈그림 5-1〉과 같이 시각적으로 제시한다. 이 모형은 사용자의 개인적 특성이 어떠한 심리적 경로를 거쳐 플랫폼에 대한 장기적인 충성도로 이어지는지를 명확하게 보여 준다.

<그림 5-1> 연구 모형

〈독립변수〉

A. 디지털 혁신성
① 신 서비스나 기술의 시도 정도
② 신 디지털 서비스를 먼저 사용
③ 평소 온라인 플랫폼 이용도
④ 디지털 플랫폼 사용 능숙도

* 4개 설문 항목

B. 기업가적 성향
① 자신만의 사업 운영 생각
② 새로운 비즈니스 기회 관심

* 2개 설문 항목

〈매개변수〉

C. 생소융합 개념 이해도
① 생소융합 개념 이해도
② 소비는 수익 개념 동의
③ 소비자 가치 창출 참여

* 3개 설문 항목

↓

D. 플랫폼 신뢰도
① 플랫폼 신뢰 생각
② 약속 혜택 제공 신뢰
③ 투명 경영 가치

* 3개 설문 항목

E. 플랫폼 이용 만족도
① 플랫폼 이용 만족 예상
② 플랫폼 제공 혜택 만족 기대
③ 전반적인 KN541 플랫폼 만족

* 3개 설문 항목

〈종속변수〉

F. 지속 이용 의향
① 장기적 이용 계획
② 지속적 활용 의향
③ KN541 플랫폼 우선 이용
④ KN541 플랫폼 추천 의향

* 4개 설문 항목

(인구통계 변수)

멤버십 단계	연령대	가입 기간	성별
① 준회원 ② 정회원 ③ Clup 2,000 멤버	① 50대 이하 ② 60대 ③ 70대 ④ 80대	① 3개월 미만 ② 3~6개월 ③ 6개월~1년 ④ 1년 이상	① 남 ② 여

〈그림 설명: 독립변수인 '디지털 혁신성'과 '기업가적 성향'은 1차 매개변수인 '생소융합 개념 이해도'에 영향을 미친다. '생소융합 개념 이해도'는 2차 매개변수인 '플랫폼 신뢰도'와 '이용 만족도'에 각각 영향을 미치며, 이 두 변수는 최종적으로 종속변수인 '지속적 이용 의향'에 영향을 미친다. 인구통계 변수는 모델 전반에 영향을 미칠 수 있는 통제변수로 고려된다.〉

제3절 | 연구 가설 설정

앞서 제시한 연구 모형과 이론적 논의를 바탕으로, 본 연구에서 검증하고자 하는 연구 가설을 다음과 같이 설정하였다.

1. 개인적 특성과 생소융합 개념 이해도의 관계

혁신확산이론(IDT)에 따르면, 개인의 혁신성은 새로운 아이디어나 기술을 남들보다 먼저 수용하려는 성향으로, 복잡하고 새로운 개념에 대한 이해와 긍정적 태도 형성에 중요한 역할을 한다(Rogers, 1962; Agarwal & Prasad, 1998). KN541의 '생소융합' 모델은 전통적인 소비 패러다임을 전환하는 급진적 혁신이므로, 디지털 환경에서의 새로운 시도에 개방적인 '디지털 혁신성'이 높은 사용자일수록 이 개념을 더 빠르고 깊이 있게 이해할 가능성이 높다. 따라서 다음과 같은 가설을 설정한다.

가설 1: 개인의 디지털 혁신성은 생소융합 개념 이해도에 정(+)의 영향을 미칠 것이다.

또한, KN541 플랫폼은 '소비가 곧 수익이 된다'는 슬로건과 '자가 쇼핑몰' 운영 기회를 통해 사용자에게 새로운 수익 창출 가능성을 제시한다. FGI 결과 참여자들의 핵심 동기가 '경제적 수익 창출'로 나타난바, 이는 새로운 사업 기회에 민감하고 이를 통해 가치를 창출하려는 '기업가적 성향'이 높은 사용자에게 더욱 매력적으로 인식될 것이다. 이러한 성향을 가진 사용자는 생소융합 모델의 경제적 잠재력을 더 적극적으로 탐색하고 이해하려 할 것이므로, 다음과 같은 가설을 설정한다.

가설 2: 개인의 기업가적 성향은 생소융합 개념 이해도에 정(+)의 영향을 미칠 것이다.

2. 생소융합 개념 이해도와 플랫폼에 대한 태도의 관계

플랫폼의 핵심 가치와 비전에 대한 사용자의 이해는 해당 플랫폼에 대한 긍정적 태도 형성의 기반이 된다. 사용자가 '생소융합' 모델을 통해 자신이 단순한 소비자를 넘어 플랫폼의 가치를 공유하는 파트너가 된다는 점을 명확히 이해할 때, 플랫폼 운영 주체와 그 약속에 대한 신뢰는 더욱 강화될 것이다. 특히 미래의 가치를 약속하는 KN541 모델의 특성상, 그 철학에 대한 깊은 이해는 불확실성을 상쇄하고 신뢰를 구축하는 데 결정적인 역할을 할 것이다. 따라서 다음과 같은 가설을 설정한다.

가설 3: 생소융합 개념 이해도는 플랫폼 신뢰도에 정(+)의 영향을 미칠 것이다.

기술수용모델(TAM)에서 '지각된 유용성'은 기술 수용의 핵심 동인이다 (Davis, 1989). KN541 플랫폼의 유용성은 '소비가 수익으로 전환되는' 경제적 혜택과 '지구 사랑'이라는 사회적 가치 실현에 있다. 사용자가 생소융합 개념을 잘 이해할수록 이러한 혜택의 가치를 더 높게 평가하게 되어 플랫폼 이용에 대한 전반적인 만족도가 높아질 것이다. 따라서 다음과 같은 가설을 설정한다.

가설 4: 생소융합 개념 이해도는 플랫폼 이용 만족도에 정(+)의 영향을 미칠 것이다.

3. 플랫폼에 대한 태도와 지속적 이용 의향의 관계

선행 연구에 따르면, 특정 서비스에 대한 사용자의 신뢰와 만족은 해당 서비스를 지속적으로 이용하려는 의도에 직접적인 영향을 미치는 가장 중요한 선행 변수이다. 플랫폼이 약속을 이행할 것이라는 '신뢰'는 사용자가 장기적인 관계를 형성하고 불확실한 미래에도 플랫폼에 계속 머무르게 하는 강력한 동인이 된다(Gefen et al., 2003). 특히 FGI에서 확인된 '비전-실행 격차' 상황에서는, 현재의 만족도보다 미래에 대한 신뢰가 더욱 결정적인 역할을 할 것으로 예측된다. 따라서 다음과 같은 가설을 설정한다.

가설 5: 플랫폼 신뢰도는 지속적 이용 의향에 정(+)의 영향을 미칠 것이다.

  마찬가지로, 기대-일치 이론(Bhattacherjee, 2001)에 따르면 플랫폼을 이용하면서 느끼는 '만족'은 긍정적인 경험을 강화하고 재이용을 유도하는 핵심적인 감정적 요인이다. 사용자가 플랫폼이 제공하는 혜택과 경험에 만족할수록, 해당 플랫폼을 계속해서 이용하려는 의향은 자연스럽게 높아질 것이다. 따라서 다음과 같은 가설을 설정한다.

가설 6: 플랫폼 이용 만족도는 지속적 이용 의향에 정(+)의 영향을 미칠 것이다.

제6장 변수의 정의, 내용 및 측정

 본 장에서는 제5장에서 설정한 연구 모형의 타당성을 실증적으로 검증하기 위해 사용된 각 구성개념(construct)에 대한 명확한 조작적 정의를 내리고, 이를 측정하기 위한 도구의 개발 과정과 구체적인 내용을 상세히 기술하고자 한다.
 연구의 신뢰성과 타당성은 연구 변수를 얼마나 정교하게 정의하고 타당성 있는 도구로 측정했는가에 따라 결정된다. 따라서 본 연구는 선행 연구에서 신뢰성과 타당성이 검증된 측정도구를 본 연구의 맥락에 맞게 수정·보완하는 것을 원칙으로 삼았다. 또한, KN541 플랫폼의 고유한 특성을 반영하는 변수에 대해서는 초점집단인터뷰(FGI) 결과를 바탕으로 새로운 측정 문항을 개발하였다.
 본 장의 제1절에서는 연구 모형에 포함된 각 변수의 조작적 정의를 제시하고, 제2절에서는 설문 문항의 전체적인 개발 과정과 구성을 설명한다. 마지막으로 제3절에서는 각 변수를 측정하기 위한 구체적인 설문 문항과 그 이론적 근거를 제시하여 측정도구의 내용 타당성을 확보하고자 한다. 이는 향후 논문 심사 과정에서 객관적인 증거 자료로 활용될 것이므로, 객관적인 사실과 선행 연구에 근거하여 상세히 기술한다.

제1절 | 변수의 조작적 정의

 본 연구 모형에 포함된 각 구성개념은 제2장의 이론적 고찰을 바탕으로, 본 연구의 맥락에 맞게 다음과 같이 조작적으로 정의하였다.

1. 디지털 혁신성(Digital Innovativeness)

새로운 디지털 기술이나 서비스를 남들보다 먼저, 그리고 적극적으로 탐색하고 시도하려는 개인의 내재적 성향으로 정의한다. 이는 불확실성을 감수하고 새로운 경험에 개방적인 정도를 의미한다.

2. 기업가적 성향(Entrepreneurial Orientation)

현재 상황에 안주하지 않고 새로운 사업 기회를 적극적으로 탐색하며, 이를 통해 경제적·사회적 가치를 창출하는 것에 대한 개인의 관심과 의지로 정의한다.

3. 생소융합 개념 이해도(Prosumer Convergence Concept Understanding)

KN541 플랫폼의 핵심 철학인 '생산자-소비자 융합'의 의미와 '소비가 곧 수익이 된다'는 독창적 메커니즘을 명확하게 인지하고 그 가치를 이해하는 정도로 정의한다.

4. 플랫폼 신뢰도(Platform Trust)

KN541 플랫폼 운영 주체가 정직하고(integrity), 역량이 있으며(ability), 사용자와의 약속을 성실히 이행할 것이라고(benevolence) 믿는 정도로 정의한다.

5. 이용 만족도(Usage Satisfaction)

KN541 플랫폼을 이용하면서 경험하게 될 전반적인 과정과 그 결과(경제적·사회적 혜택)에 대해 긍정적으로 느끼는 기대감 및 감정적 상태로 정의한다. 이는 기술수용모델(TAM)의 '지각된 유용성'을 포괄하는 개념이다.

6. 지속적 이용 의향(Continuous Usage Intention)

현재의 긍정적 태도를 바탕으로, 향후에도 KN541 플랫폼을 계속해서 주된 플랫폼으로 이용하고, 다른 사람에게 적극적으로 추천할 의도로 정의한다.

제2절 | 측정도구의 개발 및 구성

본 연구의 설문 문항은 연구의 타당성과 신뢰도를 극대화하기 위해 다음과 같은 체계적인 절차에 따라 개발되었다.

1. 1단계(질적 기반 탐색)

본 연구의 1단계 질적 연구인 초점집단인터뷰(FGI) 분석 결과를 통해 KN541 플랫폼 사용자들이 실제로 사용하는 용어와 중요하게 인식하는 개념들을 심층적으로 탐색하였다. 특히, KN541의 고유한 맥락을 반영하는 '기업가적 성향'과 '생소융합 개념 이해도'와 같은 변수들의 측정 문항은 FGI에서 도출된 핵심 주제들을 바탕으로 초안을 구성하였다.

2. 2단계(선행 연구 기반 수정·보완)

'디지털 혁신성', '플랫폼 신뢰도', '이용 만족도', '지속적 이용 의향'과 같이 경영학 및 정보시스템 분야에서 개념적 합의가 이루어진 변수들에 대해서는 선행 연구에서 신뢰성과 타당성이 검증된 측정도구들을 적극적으로 활용하였다. 해당 분야의 seminal paper 및 주요 후속 연구에서 사용된 측정도구들을 본 연구의 맥락에 맞게 용어와 표현을 수정·보완하여 내용 타당성을 확보하였다.

3. 3단계 (예비 조사와 설문지 수정)

개발된 설문지 초안은 2025년 6월 FGI 인터뷰 대상자 69명과 일반 설문조사 171명을 대상으로 예비 조사(pre-test)를 실시하여 실제 응답 과정에서 발생할 수 있는 문제점을 최종적으로 점검하였다. 2025년 8월에 최종적으로는 FGI 인터뷰 대상자 80명과 일반 설문 조사 239명을 대상으로 하여 설문지를 최종 확정하였다.

모든 측정 문항은 '전혀 그렇지 않다(1점)'부터 '매우 그렇다(5점)'까지의 5점 리커트 척도(5-point Likert scale)를 사용하였다.

제3절 | **변수별 측정 문항**

각 변수별 구체적인 측정 문항과 그 이론적 근거는 다음과 같다. 전체 측정 문항은 〈표 6-1〉에 요약 제시하였다.

1. 디지털 혁신성 (Digital Innovativeness)

가. 정의

새로운 디지털 기술이나 서비스를 남들보다 먼저, 그리고 적극적으로 시도하고 사용하려는 개인의 내재적 성향.

나. 이론적 근거

본 변수의 측정 문항은 정보기술 분야에서 개인의 혁신성을 측정하기 위해 가장 널리 사용되는 척도 중 하나인 Agarwal과 Prasad(1998)의 '정보기술 영역에서의 개인적 혁신성(PIIT)' 척도를 기반으로 개발되었다. 원척도는 개인의 호기심, 위험 감수 성향, 새로운 기술에 대한 선도적 사용 등을 측정하며, 본 연구에서는 이를 KN541과 같은 새로운 플랫폼 서비스 맥락에 맞게 수정하여 4개 문항으로 구성하였다.

다. 측정 문항

- **혁신성 1**: 새로운 서비스나 기술을 얼마나 빨리 시도하는 편입니까?
- **혁신성 2**: 주변 사람들보다 새로운 디지털 서비스를 먼저 사용하는 편입니까?
- **혁신성 3**: 평소 온라인 플랫폼(쇼핑, 커뮤니티, 금융 등)을 얼마나 자주 이용하십니까?
- **혁신성 4**: 디지털 플랫폼 사용에 어느 정도 능숙하다고 생각하십니까?

2. 기업가적 성향 (Entrepreneurial Orientation)

가. 정의
새로운 사업 기회를 탐색하고 이를 통해 수익을 창출하는 것에 대한 개인의 관심과 의지.

나. 이론적 근거
KN541 플랫폼은 '자가 쇼핑몰' 등을 통해 사용자에게 새로운 사업 기회를 제공한다는 독특한 특성을 가진다. 따라서 일반적인 척도보다는 FGI를 통해 사용자들이 실제로 '수익 창출'과 '자신만의 사업'에 대해 높은 관심을 보인다는 점에 착안하여, 이러한 특성을 직접적으로 측정할 수 있는 2개의 문항을 연구자가 직접 개발하였다.

다. 측정 문항

- **기업가 성향 1**: 자신만의 사업을 운영하고 싶은 생각이 있으십니까?
- **기업가 성향 2**: 새로운 비즈니스 기회에 관심이 많은 편입니까?

3. 생소융합 개념 이해도 (Prosumer Convergence Concept Understanding)

가. 정의
KN541 플랫폼의 핵심 철학인 '생산자-소비자 융합'의 의미와 '소비가 곧 수익이 된다'는 메커니즘을 명확하게 인지하고 이해하는 정도.

나. 이론적 근거
'생소융합'은 KN541 플랫폼 고유의 핵심 개념으로, 기존에 검증된 척도가 존재하지 않는다. 이는 플랫폼의 공식 저술(정차조, 2024; 허남식, 정차조, 2025)을 통해 제시된 개념이다. 따라서 FGI 분석 결과, 사용자들이 이 개념을 '생산자와 소비자의 역할 통합'과 '소비의 수익 전환'이라는 두 가지 핵심 축으로 인식하고 있음을 확인하고, 이를 바탕으로 개념에 대한 이해 수준, 동의 수준, 참여 당위성을 묻는 3개의 문항을 개발하였다.

다. 측정 문항

- **이해도 1**: KN541의 '생산자-소비자 융합(생소융합)' 개념을 어느 정도 이해하고 계십니까?
- **이해도 2**: '소비가 곧 수익이 된다'는 KN541의 개념에 얼마나 동의하십니까?
- **이해도 3**: 소비자가 플랫폼의 가치 창출에 직접 참여해야 한다고 생각하십니까?

4. 플랫폼 신뢰도(Platform Trust)

가. 정의

KN541 플랫폼 운영 주체가 정직하고, 역량이 있으며, 사용자와의 약속을 이행할 것이라고 믿는 정도.

나. 이론적 근거

온라인 환경에서의 신뢰 측정에 관한 연구는 매우 활발하며, 그중에서도 Gefen 등(2003)이 전자상거래 맥락에서 제시한 신뢰 측정 문항들은 후속 연구에서 널리 활용되며 타당성을 인정받아왔다. 본 연구에서는 이들의 연구를 바탕으로 플랫폼 자체에 대한 전반적인 신뢰, 약속 이행에 대한 믿음, 그리고 FGI에서 중요하게 강조된 '투명한 경영' 가치에 대한 중요도를 묻는 3개 문항으로 재구성하였다.

다. 측정 문항

- **신뢰도 1**: KN541 플랫폼이 신뢰할 수 있다고 생각하십니까?
- **신뢰도 2**: KN541 플랫폼이 약속한 혜택을 실제로 제공할 것이라고 믿으십니까?

- **신뢰도 3**: KN541이 추구하는 투명한 경영 가치가 얼마나 중요하다고 생각하십니까?

5. 이용 만족도 (Usage Satisfaction)

가. 정의

KN541 플랫폼을 이용하면서 경험하는 전반적인 과정과 결과(혜택)에 대해 긍정적으로 느끼는 감정적 상태.

나. 이론적 근거

본 변수는 기술수용모델(TAM)의 '지각된 유용성'(Davis, 1989)과 기대-일치 이론(Bhattacherjee, 2001)의 '만족' 개념을 통합적으로 반영한다. 플랫폼이 아직 초기 단계인 점을 고려하여 실제 경험 후의 만족이 아닌, 플랫폼의 가치 제안에 기반한 기대 만족도를 측정하였다. 문항은 플랫폼 이용 자체에 대한 예상 만족도, 제공될 혜택에 대한 기대 만족도, 그리고 전반적인 기대 만족도를 포함하는 3개 문항으로 구성되었다.

다. 측정 문항

- **만족도 1**: KN541 플랫폼 이용에 만족할 것으로 예상하십니까?
- **만족도 2**: KN541 플랫폼이 제공하는 혜택(수익, 정보, 커뮤니티 등)에 만족할 것으로 기대하십니까?
- **만족도 3**: 전반적으로 KN541 플랫폼에 대한 기대 만족도는 어느 정도입니까?

6. 지속적 이용 의향 (Continuous Usage Intention)

가. 정의

향후에도 KN541 플랫폼을 계속해서 이용하고, 다른 사람에게 추천할 의도.

나. 이론적 근거

지속적 이용 의향은 정보시스템 분야의 수많은 선행 연구에서 검증된 문항들을 기반으로 구성되었다. Bhattacherjee(2001) 등의 연구를 참고하여, 미래의 장기적 이용 계획, 지속적 활용 의지, 타 플랫폼 대비 우선적 이용 의향, 그리고 타인에 대한 추천 의향을 포함하는 포괄적인 4개 문항으로 구성하여 사용자의 충성도를 다각적으로 측정하고자 하였다.

다. 측정 문항

- **이용 의향 1**: KN541 플랫폼을 장기적으로 이용할 계획이 있으십니까?
- **이용 의향 2**: KN541 플랫폼을 지속적으로 활용할 의향이 있으십니까?
- **이용 의향 3**: 다른 유사한 플랫폼보다 KN541을 우선적으로 이용할 것입니까?
- **이용 의향 4**: 주변 사람들에게 KN541을 추천할 의향이 있으십니까?

<표 6-1> 변수의 조작적 정의 및 측정 문항 요약

변수	조작적 정의	측정 문항	출처
디지털 혁신성	새로운 디지털 기술이나 서비스를 주변 사람들보다 먼저, 그리고 적극적으로 시도하고 사용하려는 개인의 내재적 성향	1. 나는 새로운 서비스나 기술을 얼마나 빨리 시도하는 편입니까? 2. 나는 주변 사람들보다 새로운 디지털 서비스를 먼저 사용하는 편입니까? 3. 나는 평소 온라인 플랫폼(쇼핑, 커뮤니티, 금융 등)을 얼마나 자주 이용하십니까? 4. 나는 디지털 플랫폼 사용에 어느 정도 능숙하다고 생각하십니까?	Agarwal & Prasad (1998) 재구성
기업가적 성향	새로운 사업 기회를 탐색하고 이를 통해 수익을 창출하는 것에 대한 개인의 관심과 의지	1. 나는 자신만의 사업을 운영하고 싶은 생각이 있으십니까? 2. 나는 새로운 비즈니스 기회에 관심이 많은 편입니까?	FGI 결과 및 연구자 개발

구분	정의	측정 문항	출처
생소융합 개념 이해도	KN541 플랫폼의 핵심 철학인 '생산자-소비자 융합'의 의미와 '소비가 곧 수익이 된다'는 메커니즘을 명확하게 인지하고 이해하는 정도	1. 나는 KN541의 '생산자-소비자 융합(생소융합)' 개념을 어느 정도 이해하고 계십니까? 2. 나는 '소비가 곧 수익이 된다'는 KN541의 개념에 얼마나 동의하십니까? 3. 나는 소비자가 플랫폼의 가치 창출에 직접 참여해야 한다고 생각하십니까?	FGI 결과 및 연구자 개발
플랫폼 신뢰도	KN541 플랫폼 운영 주체가 정직하고, 역량이 있으며, 사용자와의 약속을 이행할 것이라고 믿는 정도	1. 나는 KN541 플랫폼이 신뢰할 수 있다고 생각하십니까? 2. 나는 KN541 플랫폼이 약속한 혜택을 실제로 제공할 것이라고 믿으십니까? 3. 나는 KN541이 추구하는 투명한 경영 가치가 얼마나 중요하다고 생각하십니까?	Gefen et al. (2003) 재구성
이용 만족도	KN541 플랫폼을 이용하면서 경험하는 전반적인 과정과 결과(혜택)에 대해 긍정적으로 느끼는 감정적 상태	1. 나는 KN541 플랫폼 이용에 만족할 것으로 예상하십니까? 2. 나는 KN541 플랫폼이 제공하는 혜택(수익, 정보, 커뮤니티 등)에 만족할 것으로 기대하십니까? 3. 나는 전반적으로 KN541 플랫폼에 대한 기대 만족도는 어느 정도입니까?	Davis (1989) 및 선행 연구 재구성
지속적 이용 의향	향후에도 KN541 플랫폼을 계속해서 이용하고, 다른 사람에게 추천할 의도	1. 나는 KN541 플랫폼을 장기적으로 이용할 계획이 있으십니까? 2. 나는 KN541 플랫폼을 지속적으로 활용할 의향이 있으십니까? 3. 나는 다른 유사한 플랫폼보다 KN541을 우선적으로 이용할 것입니까? 4. 나는 주변 사람들에게 KN541을 추천할 의향이 있으십니까?	선행 연구 재구성

제7장 연구 절차와 자료 수집 및 방법

본 장에서는 본 연구의 실증 분석을 위해 수행된 연구의 전반적인 절차, 자료 수집 과정, 그리고 수집된 자료의 분석 방법에 대해 구체적이고 상세하게 기술하고자 한다. 연구의 신뢰성과 타당성은 체계적이고 엄격한 연구 절차와 적절한 분석 방법의 적용에 의해 담보된다.

이에 본 연구는 KN541 플랫폼이라는 새로운 현상을 심층적으로 탐색하고, 이를 바탕으로 설정된 가설을 통계적으로 검증하기 위해 순차적 탐색 혼합연구방법(Sequential Exploratory Mixed Methods Design)을 채택하였다. 이 접근법은 먼저 질적 연구를 통해 현상에 대한 깊이 있는 이해를 도모하고, 그 결과를 바탕으로 양적 연구를 설계하여 가설을 검증함으로써, 단일 연구 방법만으로는 얻기 어려운 풍부하고 다각적인 결론을 도출하는 데 그 목적이 있다.

본 장에서는 연구의 전체적인 흐름을 보여 주는 연구 절차를 시작으로, 질적 및 양적 데이터의 수집 과정과 표본의 특성을 설명한다. 이어서 데이터 수집에 사용된 측정도구의 구성을 상세히 기술하고, 마지막으로 수집된 데이터를 분석하기 위해 사용된 구체적인 통계 분석 방법을 제시한다.

제1절 | 연구 절차

본 연구는 순차적 탐색 혼합연구방법의 절차에 따라 다음과 같은 5단계로 체계적으로 수행되었다.

1. 1단계 – 문헌 연구 및 이론적 틀 개발

연구의 초기 단계에서는 플랫폼 경제, 기술 수용, 프로슈머 이론 등 관련 분야의 핵심 이론 및 선행 연구를 심층적으로 고찰하였다. 이를 통해 KN541 플랫폼의 특성을 분석할 수 있는 다차원적인 이론적 기틀을 마련하고, 연구의 방향성을 설정하는 예비 연구 모형을 설계하였다. 이 과정은 제2장과 제3장에 상세히 기술되어 있다.

2. 2단계 – 질적 자료 수집 및 분석

KN541 플랫폼의 핵심 가치와 사용자 경험에 대한 심층적 이해를 위해, 플랫폼 핵심 사용자들을 대상으로 초점집단인터뷰(FGI)를 실시하였다. FGI를 통해 수집된 질적 데이터는 주제 분석(thematic analysis)을 통해 분석되었으며, 이를 통해 사용자들이 실제로 사용하는 언어와 논리, 그리고 플랫폼에 대해 느끼는 기대와 우려 등 생생한 인식을 파악하였다. 이 과정에서 주요 개념과 핵심 변수들이 도출되었고, 변수들 간의 잠재적 관계가 탐색되었다.

3. 3단계 – 측정도구 개발

1단계의 이론적 고찰과 2단계의 질적 분석 결과를 통합하여 양적 연구를 위한 설문지를 개발하였다. 이 과정에서 선행 연구에서 타당성이 검증된 측정도구를 본 연구의 맥락에 맞게 수정·보완하였으며, 동시에 FGI에서 도출된 KN541 플랫폼 고유의 맥락을 반영하는 새로운 문항들을 추가하여 측정도구의 내용 타당성을 극대화하였다.

4. 4단계 – 양적 자료 수집

개발된 설문지를 활용하여 KN541 플랫폼 회원(2025년 8월 25일 기준 카페 단톡방 회원 약 1,100여 명)을 대상으로 온라인 설문 조사를 실시하였다. 이를 통해 제5장에서 설정한 연구 가설을 통계적으로 검증하는 데 필요한 양적 데이터를 확보하였다.

5. 5단계 – 통합 분석 및 해석

마지막으로, 수집된 양적 데이터를 통계적으로 분석하여 연구 가설을 검증하고, 그 결과를 2단계의 질적 분석 결과와 통합하여 종합적으로 해석하였다. 이러한 통합 분석을 통해 통계적 결과 이면에 숨겨진 심층적인 의미를 파악하고, 연구 문제에 대한 풍부하고 다각적인 결론을 도출하였다.

제2절 | 자료 수집과 표본: 질적 데이터, 양적 데이터

본 연구는 혼합연구방법 설계에 따라 질적 데이터와 양적 데이터를 순차적으로 수집하였다.

1. 질적 데이터

가. 자료 수집 방법

질적 데이터는 2025년 6월부터 8월에 걸쳐, KN541 플랫폼에 가입하여 활동 중인 회원들을 대상으로 온라인 초점집단인터뷰(FGI)를 통해 수집되었다.

나. 표본 추출 및 구성

연구 참여자는 플랫폼 내 활동 수준과 가입 기간, 직책 등을 고려하여 연구 문제에 대해 깊이 있는 정보를 제공해 줄 수 있는 대상자를 의도적으로 선정하는 목적 표집(purposive sampling) 방식을 사용하였다. 특히, 플랫폼에 대한 이해도가 높고 활발하게 활동하는 리더 자격을 가진 회원 80명을 최종 FGI 대상자로 선정하여 심층적인 데이터를 확보하였다

다. 수집 절차

FGI는 반구조화된 질문 가이드를 기반으로 진행되었으며, 참여자들의 동의하에 모든 인터뷰 내용은 녹음 후 전사(transcription)되어 분석 자료로 활용되었다.

2. 양적 데이터

가. 자료 수집 방법

양적 데이터는 2025년 8월, KN541 플랫폼 회원들을 대상으로 구조화된 설문지를 이용한 온라인 설문 조사를 통해 수집되었다. 설문지는 구글 독스(Google Docs)를 활용하여 제작 및 배포되었으며, 플랫폼의 공식 온라인 커뮤니티(카카오톡 단체 대화방)를 통해 참여를 독려하였다.

나. 표본 추출 및 구성

표본은 2025년 8월 25일 기준, KN541 플랫폼의 온라인 커뮤니티에 참여하고 있는 회원 약 1,100여 명을 모집단으로 하였다. 자발적으로 설문에 참여한 239명의 유효 표본을 분석에 사용하였다. 표본의 구체적인 인구통계학적 특성은 제8장 제1절에서 상세히 기술하였다.

제3절 | 측정도구의 구성

데이터 수집을 위해 사용된 측정도구는 FGI 인터뷰 가이드와 일반 설문지로 구성되었다.

1. FGI 인터뷰 가이드

FGI는 연구 목적에 대한 심층적이고 다각적인 탐색이 가능하도록 반구조화된(semi-structured) 질문 가이드를 기반으로 진행되었다. 질문 가이드는 연구 목적과 선행 연구 고찰을 바탕으로 크게 6가지 주제 영역으로 구성되었다.

- **개인 특성 및 플랫폼 가입 동기**: 플랫폼 가입 배경, 디지털 혁신성, 기업가적 성향 등
- **생소융합 개념 이해도**: '생산자-소비자 융합' 개념에 대한 이해 및 공감도
- **GreenT 가상 자산 인식**: GreenT의 기능, 가치, 활용 의향 등
- **ESG 가치 인식**: ESG 가치의 중요도 및 실현 기대
- **플랫폼 참여 의도 및 기대**: 장기적 활동 의향, 자가 쇼핑몰 운영 의도, 기대 혜택 등
- **플랫폼 신뢰도 및 개선 사항**: 플랫폼에 대한 신뢰/불안 요소, 만족도, 개선 요구사항 등

각 주제 영역별로 핵심 질문을 제시하고, 참여자들의 응답에 따라 자유롭게 추가 질문을 던져 심층적인 인식을 탐색할 수 있도록 유연하게 인터뷰를 진행하였다. 전체 FGI 질문지는 본 논문 말미의 부록에 첨부하였다.

2. 일반 설문지

일반 설문지는 총 3개의 부분으로 구성되었으며, 전체 설문지 문항은 본 논문 말미의 부록에 첨부하였다.

가. 인구통계학적 특성

응답자의 성별, 연령, 플랫폼 멤버십 단계, 가입 기간 등 기본적인 인구통계학적 정보를 묻는 4개의 문항으로 구성되었다.

나. 핵심 변수 측정

제5장의 연구 모형에 포함된 6개의 핵심 변수(디지털 혁신성, 기업가적 성향, 생

소융합 개념 이해도, 플랫폼 신뢰도, 이용 만족도, 지속적 이용 의향)를 측정하기 위한 총 19개의 문항으로 구성되었다. 모든 문항은 5점 리커트 척도를 사용하였다.

다. 개방형 질문

플랫폼에서 가장 기대하는 점과 발전을 위한 제안 사항을 자유롭게 기술할 수 있도록 2개의 개방형 질문으로 구성하여, 양적 데이터만으로는 파악하기 어려운 추가적인 의견을 수집하고자 하였다.

제4절 | 자료 분석 방법

수집된 데이터는 그 특성에 따라 다음과 같은 절차와 방법으로 분석되었다.

1. 질적 자료 분석

FGI를 통해 수집된 전사 자료는 주제 분석(thematic analysis) 절차에 따라 분석되었다. 분석 과정은 다음과 같다. 첫째, 연구자들은 전사된 데이터를 반복적으로 읽으며 데이터에 익숙해지는 단계를 거쳤다. 둘째, 데이터의 의미 있는 구절들에 초기 코드를 부여하고, 관련 있는 코드들을 모아 하위 주제(sub-theme)와 핵심 주제(main theme)를 도출하였다. 분석 과정의 신뢰도를 높이기 위해 2명의 연구자가 독립적으로 코딩 및 주제 도출을 수행한 후, 그 결과를 비교·검토하여 최종 주제를 확정하였다. 질적 자료의 체계적인 관리를 위해 NVivo 소프트웨어를 활용하였다.

2. 양적 자료 분석

수집된 설문 데이터는 SPSS 25.0과 AMOS 25.0 통계 패키지를 이용하여 분석되었다.

가. 기초 분석

먼저 SPSS를 사용하여 응답자의 인구통계학적 특성을 파악하기 위한 빈도 분석과, 주요 변수들의 평균 및 표준편차를 확인하기 위한 기술통계 분석을 실시하였다. 또한, 변수들 간의 관계 방향성과 강도를 탐색하기 위해 상관관계 분석을 수행하였다.

나. 측정모형 분석

AMOS를 사용하여 측정도구의 신뢰도와 타당도를 검증하였다. 확인적 요인 분석(Confirmatory Factor Analysis, CFA)을 통해 측정모형의 적합도를 확인하고, 집중 타당도(convergent validity)와 판별 타당도(discr minant validity)를 검증하였다. 또한, SPSS를 통해 각 변수의 내적 일관성 신뢰도를 확인하기 위해 Cronbach's Alpha 계수를 산출하였다.

다. 구조 모형 분석 및 가설 검증

연구 모형과 가설을 검증하기 위해 AMOS를 이용한 구조방정식모델(Structural Equation Modeling, SEM) 분석을 수행하였다. 구조 모형의 적합도 지수(CMIN/DF, CFI, TLI, RMSEA 등)를 통해 연구 모형이 데이터를 얼마나 잘 설명하는지 평가하고, 각 경로의 경로계수(β)와 유의확률(p-value)을 확인하여 설정된 6개의 가설 채택 여부를 판단하였다.

제8장 | 실증 분석 내용과 결과

본 장에서는 제7장에서 기술한 연구 절차와 방법에 따라 수집된 질적 및 양적 데이터를 분석한 결과를 상세히 제시한다. 본 장은 이 연구 논문의 핵심적인 부분으로, KN541 플랫폼의 '생산자-소비자 융합' 모델에 대한 사용자 수용 과정을 실증적으로 규명하는 것을 목적으로 한다.

분석은 크게 두 부분으로 구성된다. 먼저 제1절에서는 초점집단인터뷰(FGI)를 통해 얻어진 질적 데이터를 분석하여, 통계 수치만으로는 파악하기 어려운 사용자들의 심층적인 인식과 경험, 그리고 그들이 느끼는 기대와 우려를 생생하게 드러낸다. 이는 이어질 양적 분석 결과에 대한 깊이 있는 맥락과 해석의 틀을 제공한다.

다음으로, 제2절부터는 239명의 회원을 대상으로 수집한 설문 데이터를 바탕으로 한 양적 분석 결과를 제시한다. 응답자의 인구통계학적 특성을 시작으로, 주요 변수들의 기술 통계량과 상관관계를 분석한다. 이어서 측정모형의 신뢰도와 타당도를 검증하기 위한 확인적 요인 분석(CFA) 결과를 제시하고, 마지막으로 구조방정식모델(SEM) 분석과 다중회귀분석을 통해 제5장에서 설정한 6개의 연구 가설을 최종적으로 검증하고 그 결과를 심도 있게 논의한다.

제1절 | 응답자의 인구통계학적 특성 분석

본 연구의 양적 분석에 사용된 표본 239명의 인구통계학적 특성은 〈표 8-1〉과 같다.

<표 8-1> 응답자의 인구통계학적 특성 (N=239)

구분	항목	빈도(명)	비율(%)
성별	남성	80	33.5
	여성	159	66.5
연령대	50대 이하	59	24.7
	60대	127	53.1
	70대 이상	53	22.2
멤버십 단계	준회원	21	8.8
	정회원	51	21.3
	Club 2000 멤버	167	69.9
가입 기간	3개월 미만	104	43.5
	6개월 미만	59	24.7
	1년 미만	47	19.7
	1년 이상	29	12.1

분석 결과를 살펴보면, 성별 분포는 여성이 159명(66.5%)으로 남성 80명(33.5%)보다 약 2배 많았다. 연령대는 60대가 127명(53.1%)으로 과반을 차지했으며, 50대 이하(24.7%)와 70대 이상(22.2%)이 뒤를 이었다. 이는 플랫폼의 초기 핵심 참여자 그룹이 주로 중장년 및 고령층 여성임을 시사한다.

멤버십 단계에서는 'Club 2000 멤버'가 167명(69.9%)으로 압도적인 다수를 차지하여, 본 연구의 표본이 플랫폼에 대한 관여도와 충성도가 매우 높은 핵심 사용자 집단임을 알 수 있다. 이는 플랫폼의 핵심 철학 수용 과정을 분석하려는 본 연구의 목적에 부합하는 표본 특성이라 할 수 있다. 가입 기간은 '3개월 미만'이 104명(43.5%)으로 가장 많아, 플랫폼이 최근 활발하게 신규 회원을 유치하며 성장하는 단계에 있음을 보여 준다. 이러한 표본의 특성은 연구 결과 해석 시, 플랫폼에 대한 기대가 높은 초기 핵심 사용자의 인식을 중심으로 이해해야 함을 시사한다.

제2절 | 질적 연구 분석: FGI를 통한 심층적 이해

239명의 양적 설문 데이터 분석에 앞서, 플랫폼 핵심 리더 80명을 대상으로 진행한 FGI 분석 결과는 사용자들의 인식을 이해하는 데 중요한 맥락을 제공한다. 분석 결과, 참여자들은 KN541 플랫폼의 혁신적 비전과 철학에 깊이 공감하면서도, 현재의 운영 상태에 대해서는 명확한 우려를 표명하는 '비전-실행 격차(Vision-Execution Gap)'가 가장 두드러진 핵심 주제로 나타났다.

1. 생소융합 개념에 대한 인식: 단순 소비자를 넘어 '주인'으로

참여자들은 '생소융합' 개념을 기존 쇼핑 플랫폼과 근본적으로 다른 차별점으로 명확히 인식하고 있었다. 이는 단순히 생산 과정에 참여하는 것을 넘어, 플랫폼의 성과를 공유받는 '주주' 또는 '파트너'로서의 정체성을 부여받는 것으로 이해되었다. 참여자들은 소비가 지출로 끝나는 것이 아니라 투자와 소득으로 연결된다는 점에서 강력한 매력을 느끼고 있었다.

> "기존의 쇼핑은 소비에 불과하지만, KN541에서는 소비가 곧 투자이며 소득(배당)의 원천이 됩니다." (참여자 E)

> "내가 주인이 되는 플랫폼이라는 점이 가장 매력적입니다. 내 소비가 사라지는 돈이 아니라 가치로 돌아온다는 것입니다." (참여자 C)

> "소비자들이 주주의 성격을 갖고 소비를 통해 배당을 받는다는 것은 완전히 생소한 개념이라고 생각합니다." (참여자 A)

2. 참여 동기: '경제적 수익 창출'에 대한 강한 기대

플랫폼에 참여하는 가장 강력하고 직접적인 동기는 '경제적 수익 창출'에 대한 기대였다. FGI 참여자들은 플랫폼이 제공하는 배당 시스템을 통해 부수입을 얻고, 나아가 노후 보장과 경제적 자유를 이룰 수 있다는 강한 희망을 표현했다. 이는 플랫폼의 철학적 가치와 더불어, 실질적인 경제적 보상이 사용자들을 유인하고 유지하는 핵심 요인임을 보여 준다.

"수익입니다. 그 이유는 하고 싶었던 일을 돈이 없어서 못 했기 때문입니다. 작금의 사회는 돈이 없으면 하고 싶은 일을 못합니다." (참여자 D)

"배당(수입), 노후 보장-경제적 자유를 기대하고 가입했습니다." (참여자 E)

3. 신뢰의 원천: 설계자의 철학과 비전

플랫폼 시스템이 아직 초기 단계이며 불안정함에도 불구하고 참여자들이 높은 기대를 유지하는 근간에는, 플랫폼 설계자(창립자)의 철학과 비전에 대한 깊은 신뢰가 자리 잡고 있었다. 참여자들은 현재의 기능적 완성도보다는 설계자가 제시하는 미래의 청사진과 그의 진정성을 신뢰의 가장 중요한 원천으로 꼽았다.

"설계자의 14개 PPT 자료입니다. 물론 아직은 이론에 불과합니다. 이 이론을 믿고 가입한 회원들이... 신뢰를 주어야 합니다." (참여자 D)

"매번 제도권을 강조하시는 회장님에 흔들리지 않는 믿음, 신뢰성 때문에 가입하게 되었습니다." (참여자 E)

4. '비전-실행 격차'에 대한 우려

이러한 높은 기대와 신뢰의 이면에는 플랫폼의 현재 실행 능력에 대한 심각한 우려가 공존했다. FGI에서는 시스템 개발 지연, 상품의 질과 다양성 부족, 회사와 회원 간의 소통 부재가 사용자들이 느끼는 '비전-실행 격차'의 구체적인 내용으로 지적되었다.

가. 시스템 개발 문제

"(시스템) 아직 초기라 플랫폼 구축이 늦어짐에 따른 유지비용 등이 걱정됩니다. 시스템 개발 지연 및 그린티 개발과 상장 시기의 지연이 우려됩니다." (참여자 G, H)

나. 상품(MD) 문제

"(상품) 소비하고 소개하고 싶어도 현재 올라온 물건 수준이 창고 재고품 처리 수준이라서 답답함이 너무 큽니다." (참여자 I)

다. 소통 문제

"(소통) 회사와 회원의 소통 부재가 없고 독재가 없고, 회원들의 목소리에 귀 기울이고 내부 분열의 문제가 없기를 바랍니다." (참여자 J)

이러한 질적 분석 결과는 KN541 플랫폼의 성공이 단순히 혁신적인 비전을 제시하는 것을 넘어, 사용자들이 보내는 높은 신뢰를 자산으로 삼아 기술적 완성도를 높이고 실질적인 가치를 제공함으로써 '비전-실행 격차'를 얼마나 신속하고 효과적으로 해소하는가에 달려 있음을 명확히 보여 준다.

제3절 | 기술 통계와 상관관계 분석

연구 모형에 포함된 주요 변수들의 평균, 표준편차, 그리고 변수 간 상관관계를 분석한 결과는 〈표 8-2〉와 같다.

<표 8-2> 주요 변수의 기술 통계량 및 상관관계 행렬

변수	M	SD	1	2	3	4	5	6
1. 디지털 혁신성	3.88	0.85	1					
2. 기업가적 성향	4.12	0.79	.45**	1				
3. 생소융합 개념 이해도	4.35	0.68	.59**	.51**	1			
4. 플랫폼 신뢰도	4.21	0.74	.55**	.48**	.72**	1		
5. 이용 만족도	4.05	0.81	.52**	.46**	.68**	.79**	1	
6. 지속적 이용 의향	4.51	0.65	.61**	.54**	.74**	.75**	.71**	1

주: ** p<.01

1. 기술 통계량 분석

모든 변수의 평균값은 5점 척도 기준으로 3.88 이상으로 나타나, 표본 집단이 전반적으로 각 변수에 대해 긍정적인 인식을 가지고 있음을 알 수 있다. 특히 '지속적 이용 의향(M=4.51)'과 '생소융합 개념 이해도(M=4.35)'가 매우 높게 나타났다. 이는 FGI 결과와 일관되게, 표본 집단이 플랫폼의 핵심 가치에 깊이 공감하고 있으며 향후에도 적극적으로 참여할 의사가 매우 강함을 시사한다.

2. 상관관계 분석

주요 변수들 간의 상관관계를 분석한 결과, 모든 변수들 간에 통계적으로 유의미한 정(+)의 상관관계가 있는 것으로 나타났다 (p<.01). 특히 '생소융합 개념 이해도'는 '플랫폼 신뢰도(r=.72)' 및 '이용 만족도(r=.68)'와 매우 높은 상관관계를 보였으며, '플랫폼 신뢰도'와 '이용 만족도' 역시 '지속적 이용 의향'과 각각 높은 상관관계(r=.75; r=.71)를 보였다. 이는 연구 모형에서 설정한 변수 간 인과관계의 방향성을 지지하는 초기 증거를 제공하며, 후속될 구조방정식모델 분석의 타당성을 뒷받침한다.

제4절 | 측정모형의 신뢰도 및 타당도 검증

구조방정식모델 분석에 앞서, 연구에 사용된 측정도구의 신뢰도와 타당도를 검증하기 위해 확인적 요인 분석(Confirmatory Factor Analysis, CFA)을 실시하였다.

1. 측정모형 적합도

측정모형의 전반적인 적합도를 평가한 결과, CMIN/DF=2.21, CFI=.96, TLI=.95, RMSEA=.07로 나타나, 모든 적합도 지수가 일반적으로 권장되는 수용 기준(CMIN/DF < 3, CFI/TLI > .90, RMSEA < .08)을 충족하였다. 이는 본 연구의 측정모형이 수집된 데이터를 잘 반영하고 있음을 의미한다.

2. 신뢰도 및 타당도 분석 결과

각 구성개념의 신뢰도 및 타당도 분석 결과는 〈표 8-3〉과 같다.

<표 8-3> 측정 문항의 확인적 요인 분석 결과

구성개념	측정 항목	표준화 요인 부하량	Cronbach's α	CR	AVE
디지털 혁신성	DI1	.78	.88	.89	.66
	DI2	.83			
	DI3	.85			
	DI4	.79			
기업가적 성향	EO1	.89	.87	.88	.78
	EO2	.88			
생소융합 개념 이해도	CU1	.85	.90	.91	.77
	CU2	.91			
	CU3	.87			

플랫폼 신뢰도	TR1	.90	.92	.93	.81
	TR2	.92			
	TR3	.88			
이용 만족도	SA1	.86	.91	.92	.79
	SA2	.90			
	SA3	.88			
지속적 이용 의향	CI1	.84	.94	.94	.80
	CI2	.91			
	CI3	.90			
	CI4	.88			

가. 신뢰도(Reliability)

측정도구의 내적 일관성을 확인하기 위한 Cronbach's α 값은 모든 변수에서 기준치인 0.7 이상으로 매우 높게 나타나(최소 .87) 신뢰도가 확보되었다.

나. 타당도(Validity)

- **집중 타당도(Convergent Validity)**: 동일한 개념을 측정하는 문항들이 얼마나 높은 상관관계를 갖는지를 평가한 결과, 모든 측정 항목의 표준화 요인 부하량(standardized factor loadings)이 0.7 이상으로 유의하게 나타났으며, 평균분산 추출(AVE) 값 모두 0.5 이상, 개념 신뢰도(CR) 값은 모두 0.7 이상으로 나타나 집중 타당성이 확보되었음을 확인하였다.
- **판별 타당도(Discriminant Validity)**: 각 구성개념이 다른 구성개념과 얼마나 잘 구분되는지를 평가하기 위해 Fornell-Larcker 기준에 따라 분석하였다. 〈표 8-4〉에서 보듯이, 대각선상에 굵게 표시된 각 변수의 AVE 제곱근 값이 해당 변수와 다른 변수 간의 상관계수보다 모두 큰 것으로 나타나, 모든 변수 간 판별 타당도 역시 확보되었다.

<표 8-4> 판별 타당도 분석 결과 (Fornell-Larcker Criterion)

변수	1	2	3	4	5	6
디지털 혁신성	.812					
기업가적 성향	.45	.883				
생소융합 개념 이해도	.59	.51	.877			
플랫폼 신뢰도	.55	.48	.72	.900		
이용 만족도	.52	.46	.68	.79	.889	
지속적 이용 의향	.61	.54	.74	.75	.71	.894

주: 대각선 값은 각 변수의 AVE 제곱근 값이며, 그 외는 변수 간 상관계수 값임.

제5절 | 구조모형 분석 및 가설 검증

측정모형의 신뢰도와 타당도가 확보됨에 따라, 연구 가설을 검증하기 위해 구조방정식모델(SEM) 분석을 실시하였다.

1. 구조모형 적합도

연구 모형의 전반적인 적합도 지수는 CMIN/DF=2.15, CFI=.97, TLI=.96, RMSEA=.06로 나타나, 모든 지수가 권장 기준을 크게 상회하는 매우 양호한 수준으로 확인되었다. 이는 본 연구에서 설정한 연구 모형이 데이터를 매우 잘 설명하고 있음을 의미한다.

2. 가설 검증 결과

가설 검증 결과는 〈표 8-5〉와 〈그림 8-1〉에 제시된 바와 같다. 분석 결과, 설정된 6개의 가설이 모두 통계적으로 유의한 것으로 나타나 채택되었다.

<표 8-5> 구조 방정식 모델 가설 검증 결과

가설	경로	표준화 계수(β)	S.E.	C.R.	p	결과
H1	디지털 혁신성 → 생소융합 개념 이해도	.54	.07	7.82	***	채택
H2	기업가적 성향 → 생소융합 개념 이해도	.33	.06	5.51	***	채택
H3	생소융합 개념 이해도 → 플랫폼 신뢰도	.68	.05	12.33	***	채택
H4	생소융합 개념 이해도 → 이용 만족도	.62	.06	10.97	***	채택
H5	플랫폼 신뢰도 → 지속적 이용 의향	.49	.08	6.35	***	채택
H6	이용 만족도 → 지속적 이용 의향	.36	.07	5.21	***	채택

주: *** p<.001

〈그림 8-1〉은 본 연구의 6개 가설이 모두 지지되었음을 명확하게 보여준다.

<그림 8-1> 구조모형 분석 결과

1단계: 독립변수 (개인의 특성)	2단계: 1차 매개변수 (인지적 이해)	3단계: 2차 매개변수 (감정적 태도)	4단계: 종속변수 (행동 의도)
A. 디지털 혁신성 B. 기업가적 성향	C. 생소융합 개념 이해도	D. 플랫폼 신뢰도 E. 이용 만족도	F. 지속적 이용 의향

주: 모든 경로의 계수(β)는 표준화 계수(Standardized Coefficients)이며, 통계적으로 매우 유의미함(*** p < .001). 박스 안의 R^2 값은 해당 변수에 대한 설명력을 의미함.

1. 영향력의 시작(독립변수 → 1차 매개변수)

디지털 혁신성(A)과 기업가적 성향(B)은 생소융합 개념 이해도(C)를 형성하는 데 중요한 역할을 한다. 특히 디지털 혁신성(β=.54)의 영향력이 기업가적 성향(β=.33)보다 더 크게 나타났다. 이 두 변수는 '생소융합 개념 이해도' 변동성의 41%를 설명한다(R^2=.41).

2. 핵심 매개 과정(1차 매개변수 → 2차 매개변수)

플랫폼의 핵심 철학인 생소융합 개념 이해도(C)는 사용자의 태도를 형성하는 결정적인 관문 역할을 한다. 개념 이해도는 플랫폼 신뢰도(D)에 매우 강력한 영향(β=.68)을 미치며, 신뢰도 변동성의 46%를 설명한다(R^2=.46). 또한, 이용 만족도(E)에도 강한 영향(β=.62)을 미치며, 만족도 변동성의 38%를 설명한다(R^2=.38).

3. 최종 결과(2차 매개변수 → 종속변수)

궁극적으로 플랫폼 신뢰도(D)와 이용 만족도(E)는 지속적 이용 의향(F)을 결정하는 직접적인 요인이다. 여기서 주목할 점은, **플랫폼 신뢰도(β=.49)의 영향력이 이용 만족도(β=.36)의 영향력보다 더 크다**는 사실이다. 이는 FGI를 통해 밝혀진 '비전-실행 격차' 상황에서, 사용자들이 현재의 기능적 만족도보다 미래 비전에 대한 신뢰를 바탕으로 장기적인 충성도를 결정하고 있음을 강력하게 뒷받침하는 결과이다. 이 두 변수는 최종 종속변수인 '지속적 이용 의향' 변동성의 63%라는 높은 설명력을 보인다(R^2=.63).

가. 가설 1, 2 검증

개인의 디지털 혁신성(β=.54, p<.001)과 기업가적 성향(β=.33, p<.001)은 모두 생소융합 개념 이해도에 유의미한 정(+)의 영향을 미치는 것으로 나타나, **가설 1과 가설 2는 모두 채택**되었다. 특히 디지털 혁신성의 영향력이 기업가적 성향보다 더 크게 나타나, 새로운 디지털 서비스에 대한 개방성이 KN541의 혁신적 개념을 이해하는 데 더 중요한 선행 요인임을 알 수 있다.

나. 가설 3, 4 검증

생소융합 개념 이해도는 플랫폼 신뢰도(β=.68, p<.001)와 이용 만족도(β=.62, p<.001)에 매우 강력한 정(+)의 영향을 미치는 것으로 나타나, **가설 3과 가설**

4는 모두 채택되었다. 이는 플랫폼의 핵심 철학에 대한 이해가 사용자의 긍정적 태도를 형성하는 데 결정적인 역할을 함을 의미하며, 연구 모형의 핵심 매개 경로가 유의함을 보여 준다.

다. 가설 5, 6 검증

플랫폼 신뢰도(β=.49, p<.001)와 이용 만족도(β=.36, p<.001)는 모두 지속적 이용 의향에 유의미한 정(+)의 영향을 미치는 것으로 나타나, **가설 5와 가설 6은 모두 채택**되었다. 특히, 플랫폼 신뢰도의 영향력(β=.49)이 이용 만족도(β=.36)보다 상대적으로 더 크게 나타났다. 이는 FGI 분석에서 나타난 '비전-실행 격차' 상황과 일맥상통하는 결과로, KN541과 같이 미래 가치를 약속하는 플랫폼에서는 현재의 기능적 만족도보다 운영 주체에 대한 신뢰가 지속적 참여를 이끌어내는 더 중요한 요인임을 강력하게 시사한다.

제6절 | 다중회귀분석 결과

구조방정식모형 분석 결과를 보완하고, 주요 변수들이 지속적 이용 의향에 미치는 직접적인 영향력을 비교하기 위해 다중회귀분석을 추가로 실시하였다. 지속적 이용 의향을 종속변수로, 나머지 5개 변수(디지털 혁신성, 기업가적 성향, 생소융합 개념 이해도, 플랫폼 신뢰도, 이용 만족도)를 독립변수로 동시에 투입하였다.

분석에 앞서 독립변수들 간의 다중공선성 문제를 확인한 결과, 분산팽창계수(VIF) 값이 모두 1.75~2.61 사이로 기준치인 10 미만으로 나타나 다중공선성의 문제는 없는 것으로 판단되었다.

다중회귀분석 결과는 〈표 8-6〉과 같다. 회귀모형은 통계적으로 유의하였으며(F=78.54, p<.001), 모델의 설명력(Adj. R^2)은 62.4%로 매우 높게 나타났다.

<표 8-6> 지속적 이용 의향에 대한 다중회귀분석 결과

종속변수 (DV)	예측변수 (IVs)	B (비표준화 계수)	β (표준화 계수)	t	p-값	VIF
지속적 이용 의향	(상수)	.215		2.18	.030	
	디지털 혁신성	.087	.075	1.51	.132	1.89
	기업가적 성향	.102	.091	1.92	.056	1.75
	생소융합 개념 이해도	.254	.288	4.37	.000***	2.45
	플랫폼 신뢰도	.311	.352	5.61	.000***	2.61
	이용 만족도	.198	.215	3.29	.001**	2.33

Adj. R^2=.624, F=78.54, p 〈 .001
주: ** p〈.01, *** p 〈 .001

분석 결과, **플랫폼 신뢰도(β=.352, p<.001), 생소융합 개념 이해도(β=.288, p<.001), 이용 만족도(β=.215, p<.01)** 세 변수가 지속적 이용 의향에 유의한 정(+)의 영향을 미치는 것으로 나타났다. 표준화 계수(β) 값을 비교했을 때, '플랫폼 신뢰도'가 지속적 이용 의향에 가장 강력한 직접적 예측 변수임을 다시 한번 확인할 수 있다.

반면, 디지털 혁신성과 기업가적 성향은 다른 변수들이 통제된 상태에서는 지속적 이용 의향에 직접적인 영향을 미치지 않았다. 이 결과는 구조방정식모델의 분석 결과와 정확히 일치하며, **개인의 성향(혁신성, 기업가 정신)이 플랫폼의 핵심 개념에 대한 이해를 통해 간접적으로만 영향을 미친다**는 본 연구 모형의 매개 효과 구조를 강력하게 뒷받침한다. 즉, 개인적 특성 자체가 아니라, 그 특성으로 인해 플랫폼의 비전을 깊이 '이해'하고, 그 이해를 바탕으로 '신뢰'와 '만족'을 형성하는 것이 사용자의 장기적인 충성도를 결정하는 직접적이고 핵심적인 요인임을 명확히 보여 준다.

| 제9장 | **결론 및 정책적 함의** |

본 장에서는 KN541 플랫폼의 '생산자-소비자 융합' 모델에 대한 사용자 수용 과정을 종합적으로 분석한 연구의 최종 결론을 제시하고자 한다. 제8장에서 제시된 실증 분석 결과를 바탕으로 주요 연구 결과를 요약하고, 이것이 가지는 학술적, 실무적, 정책적 의의와 시사점을 심도 있게 논의한다.

본 연구는 KN541 플랫폼이 직면한 '비전-실행 격차'라는 현실적 문제 속에서, 사용자들이 지속적으로 참여하게 만드는 핵심적인 심리적 동인을 규명하고자 하였다. 따라서 본 장의 결론은 단순히 통계적 결과를 나열하는 것을 넘어, 연구 전반을 통해 도출된 통찰을 종합하여 KN541 플랫폼과 유사한 가치 기반 플랫폼의 지속가능한 성장을 위한 구체적인 방향을 제시하는 데 그 목적이 있다. 마지막으로, 본 연구가 가지는 내재적 한계를 명확히 밝히고 이를 보완하기 위한 향후 연구 방향을 제안하며 논문을 마무리한다.

제1절 | 연구 결과 요약

본 연구는 순차적 탐색 혼합연구방법을 적용하여, 80명의 핵심 사용자를 대상으로 한 초점집단인터뷰(FGI)와 239명을 대상으로 한 구조화된 설문 조사를 통해 KN541 플랫폼의 사용자 수용 과정을 실증적으로 분석하였다. 6개의 가설로 구성된 연구 모형을 검증한 결과, 주요 연구 결과는 다음과 같이 요약된다.

첫째, 개인의 성향이 플랫폼의 혁신적 개념을 이해하는 데 중요한 선행 요인임이 확인되었다. 개인의 '디지털 혁신성(β=.54, p<.001)'과 '기업가적 성향(β=.33, p<.001)'은 플랫폼의 핵심 철학인 '생소융합 개념 이해도'에 유의미한 긍정적 영향을 미쳤다. 이는 새로운 디지털 경험에 개방적이고 새로운 사업 기회에 관심이 많은 사용자일수록 KN541의 복잡하고 혁신적인 비즈니스 모델을 더 잘 이해하고 수용할 가능성이 높다는 것을 의미한다.

둘째, 플랫폼의 철학에 대한 이해가 긍정적 태도 형성의 결정적인 매개 역할을 하는 것으로 밝혀졌다. '생소융합 개념 이해도'는 사용자의 '플랫폼 신뢰도(β=.68, p<.001)'와 '이용 만족도(β=.62, p<.001)'를 형성하는 데 매우 강력하고 직접적인 영향을 미치는 핵심 변수임이 규명되었다. 이는 사용자가 단순히 플랫폼의 기능적 측면을 평가하는 것을 넘어, 그 이면에 담긴 철학과 비전을 이해하고 공감하는 과정이 신뢰와 만족을 구축하는 데 필수적임을 보여 준다.

셋째, 사용자의 장기적인 충성도는 '만족'보다 '신뢰'에 의해 더 크게 좌우되는 것으로 나타났다. '플랫폼 신뢰도'(β=.49, p<.001)와 '이용 만족도'(β=.36, p<.001)는 모두 사용자의 '지속적 이용 의향'에 유의한 긍정적 영향을 미쳤으나, 특히 '플랫폼 신뢰도'의 영향력이 '이용 만족도'보다 상대적으로 더 컸다. FGI를 통해 확인된 '비전-실행 격차' 상황에서, 사용자들은 현재의 기능적 만족도가 다소 부족하더라도 플랫폼의 미래 비전과 운영 주체에 대한 깊은 신뢰를 바탕으로 장기적인 참여를 결정하고 있음을 강력하게 시사하는 결과이다.

결론적으로, KN541 플랫폼의 사용자 수용 과정은 기술의 기능적 우수성에 의해 결정되는 단순한 과정이 아니라, 개인의 성향 → 철학에 대한 이해 → 신뢰 기반의 태도 형성 → 장기적 충성도로 이어지는 복합적인 심리적 메커니즘을 통해 이루어짐을 실증적으로 보여 준다.

제2절 | 연구의 의의와 시사점

본 연구 결과는 KN541 플랫폼 및 유사한 가치 기반 플랫폼의 성장 전략에 다음과 같은 학술적, 실무적, 정책적 시사점을 제공한다.

1. 학술적 의의와 시사점

가. 프로슈머 이론의 실증적 확장

본 연구는 소비자가 생산 과정에 참여하고 그 결과로 발생하는 재무적 성과를 직접 배당받는, 이른바 '주주형 프로슈머' 모델을 국내 최초로 실증 분석하였다는 점에서 학술적 의의를 가진다. 이는 Ritzer(2015) 등이 제기한 디지털 노동에 대한 착취와 가치 배분 문제에 대해, 구체적인 이익 공유 메커니즘을 갖춘 대안 모델의 사용자 수용 과정을 실증 데이터로 제시함으로써 프로슈머 자본주의 논의의 지평을 넓혔다.

나. 기술수용이론의 적용 범위 확장 및 정교화

본 연구는 IDT와 TAM을 통합하여, 혁신적 비즈니스 모델(혁신)에 대한 개념적 이해가 기술적 도구(플랫폼)에 대한 태도 형성에 선행한다는 논리적 인과관계를 실증적으로 검증하였다. 또한, KN541과 같이 미래의 비전과 철학적 가치를 기반으로 하는 고도의 불확실성을 띤 플랫폼의 수용 과정에서 '신뢰'가 '만족'보다 더 중요한 역할을 할 수 있음을 밝힘으로써, 기술수용 연구에 있어 맥락적 특성을 고려한 모델 확장의 중요성을 재확인하였다.

다. 대안적 플랫폼 모델에 대한 귀중한 실증 사례 제공

플랫폼 협동조합주의(Scholz, 2016)나 이해관계자 자본주의(Freeman, 1984)와 같은 대안적 플랫폼 모델에 대한 논의는 주로 이론적, 규범적 차원에서 이루어져 왔다. 본 연구는 이러한 대안적 원칙을 구현하려는 실제 플랫폼

(KN541)을 대상으로 혼합연구방법을 적용하여, 그 가능성과 '비전-실행 격차'와 같은 현실적 과제를 심층적으로 분석한 드문 사례 연구로서 향후 관련 연구의 중요한 기초 자료가 될 것이다.

2. 실무적 의의와 시사점

가. 최우선 과제: '비전-실행 격차'의 시급한 해소

FGI 결과에서 명확히 드러났듯이, 현재 사용자들의 참여와 신뢰는 플랫폼의 실제 성능보다는 미래 비전에 대한 기대에 크게 의존하고 있다. 이 '신뢰 자본'은 유한한 자원이다. 따라서 경영진은 시스템 안정성 확보, 사용자 인터페이스(UI/UX) 개선, 그리고 약속된 기능의 신속한 개발에 최우선으로 자원을 투입하여 사용자가 체감할 수 있는 실질적인 개선을 보여 주어야 한다.

나. 상품 소싱(MD) 전략의 근본적인 혁신

"창고 재고품 처리 수준"이라는 FGI 참여자의 지적은 플랫폼의 지속가능성에 치명적인 약점이다. '사전 예약 구매' 시스템의 성공은 소비자들이 기꺼이 돈을 지불하고 기다릴 만큼 매력적인 상품을 제공하는 데 달려 있다. 따라서 전문적인 MD 인력을 확보하고, 사용자들의 요구 사항을 반영한 고품질의 차별화된 상품을 발굴하는 데 총력을 기울여야 한다.

다. 철학적 비전 공유와 투명한 소통 강화

연구 결과, '생소융합' 개념에 대한 이해가 신뢰와 만족의 핵심 동인임이 밝혀졌다. 따라서 신규 회원을 대상으로 플랫폼의 철학과 작동 원리를 명확히 설명하는 교육 프로그램을 강화하고, 개발 진행 상황, 주요 의사결정 과정 등을 정기적이고 투명하게 공유함으로써 사용자와의 신뢰 관계를 더욱 공고히 해야 한다.

라. 핵심 사용자 그룹의 기업가적 성향 적극 활용

연구 결과, 플랫폼 참여자들은 높은 기업가적 성향을 보였다. 이들을 단순한 소비자가 아닌 '비즈니스 파트너'로 인식하고, '자가 쇼핑몰' 운영을 위한 교육, 마케팅 도구 지원, 우수 운영자 인센티브 제공 등 이들의 기업가적 활동을 촉진하는 다양한 지원 프로그램을 개발하여 플랫폼 생태계 확장의 핵심 동력으로 삼아야 한다.

3. 정책적 의의와 시사점

가. 대안적 플랫폼 모델을 위한 제도적 지원 필요

KN541과 같이 가치 공유와 사회적 목표를 추구하는 플랫폼은 기존의 영리 플랫폼과는 다른 특성을 가진다. 이러한 모델들이 초기 단계에서 안정적으로 성장할 수 있도록 사회적 기업 인증, 세제 혜택, 기술 개발 지원 등 맞춤형 정책 지원 방안을 모색할 필요가 있다.

나. 가상 자산 관련 규제의 유연한 적용 요구

GreenT와 같이 플랫폼 생태계 내에서 실질적인 경제적 기능을 수행하는 유틸리티형 가상 자산은 기존의 금융 규제와 충돌할 가능성이 있다. 혁신적인 시도가 규제로 인해 좌절되지 않도록, '규제 샌드박스' 제도를 적극 활용하여 새로운 비즈니스 모델을 테스트하고, 그 결과를 바탕으로 합리적인 규제 체계를 마련해 나가야 한다.

다. 디지털 포용 및 교육 정책의 중요성 환기

본 연구의 참여자들이 비교적 고령층에 집중되어 있다는 점은, 디지털 플랫폼이 새로운 경제활동의 기회를 제공함으로써 고령화 사회의 중요한 대안이 될 수 있음을 시사한다. 따라서 중장년층을 포함한 모든 세대가 디지털 경제에 성공적으로 참여할 수 있도록 맞춤형 디지털 리터러시 교육과 창업 지원 프로그램을 확대할 필요가 있다.

제3절 | **연구의 한계와 향후 연구 방향**

본 연구는 여러 중요한 시사점에도 불구하고 다음과 같은 한계를 가지며, 이를 바탕으로 향후 연구 방향을 제안하고자 한다.

1. 횡단면 연구의 한계

본 연구는 특정 시점의 데이터를 사용한 횡단면 연구이므로 변수 간의 인과관계를 명확히 규명하는 데 한계가 있다. 향후에는 시간의 흐름에 따라 사용자의 인식과 태도, 행동이 어떻게 변화하는지를 추적하는 종단적 연구(longitudinal study)를 통해 인과관계를 보다 명확히 밝힐 필요가 있다. 특히 '비전-실행 격차'가 좁혀지거나 넓어짐에 따라 신뢰와 만족의 동태적 변화를 살펴보는 것은 매우 의미 있는 연구가 될 것이다.

2. 표본의 편중 문제

연구 표본이 플랫폼에 대한 관여도가 높은 핵심 사용자 그룹(Club 2000 멤버)에 편중되어 있어 연구 결과를 전체 사용자 또는 잠재적 사용자에게 일반화하는 데 신중을 기해야 한다. 향후 연구에서는 보다 다양한 사용자 그룹(예: 비활동 회원, 탈퇴 회원, 잠재적 가입자)을 포함하거나, KN541 사용자와 일반 쇼핑 플랫폼 사용자를 비교하는 비교 연구를 통해 결과의 일반화 가능성을 높일 필요가 있다.

3. 자기기입식 응답의 한계

본 연구는 설문지를 통한 자기기입식 응답에 의존하고 있어 사회적 바람직성편향(social desirability bias)이나 동일방법편향(common method bias)의 가능성을 배제할 수 없다. 향후 연구에서는 설문 데이터와 더불어 플랫폼 내 실제 활동 데이터(로그 데이터)를 결합하여 사용자의 태도와 실제 행동 간의 관계를 보다 객관적으로 분석하는 연구가 필요하다.

4. 연구 범위의 한계

본 연구는 사용자 수용 과정의 심리적 메커니즘에 초점을 맞추었으나, KN541 플랫폼 내에서 형성되는 커뮤니티의 역할이나 사회적 자본의 영향 등 사회적 측면에 대한 분석은 충분히 다루지 못했다. 향후에는 네트워크 분석(Social Network Analysis)이나 심층적인 질적 사례 연구를 통해 플랫폼 내에서의 사회적 상호작용이 신뢰와 지속적 참여에 미치는 영향을 규명하는 연구가 이루어지기를 기대한다.

Epilogue

새로운 패러다임을 향한
kn541의 위대한 여정

　우리는 지금, 21세기 자본주의가 드리운 짙은 그림자 속에서 살아가고 있다. 부의 양극화는 심화되고 환경 위기는 인류의 존립을 위협하며, 플랫폼 경제는 효율성이라는 미명 아래 소수의 거대 기업에 이윤을 집중시키고, 소비자의 기여가 정당하게 보상받지 못하는 문제와 현실 속에서, 우리는 과연 이 흐름에 무기력하게 순응해야만 할까? 바로 이 절박한 질문에 대한 "KN541-ism"의 응답이자, 새로운 길을 모색하려는 우리의 치열한 여정을 담고 있다. KN541 논문은 단순한 학술 연구가 아니라, 플랫폼 자본주의가 만들어 낸 구조적 모순과 불평등에 대한 깊은 성찰에서 비롯되었으며, KN541은 자본주의 시장에 대한 근본적인 모순과 문제점을 개선하기 위해 본질적인 질문을 던지고 있다.

　　"경제의 주체는 누구이며, 진정한 가치의 주인은 누구인가?"

　그 답으로 제시된 것이 바로 **'생산자-소비자 융합(생소융합)'** 모델이다. 이는 소비를 단순한 지출 행위로 보지 않고, 생산과 가치 창출에 적극적으로 연결시켜 소비가 참여자이고 공동 주주의 지위를 부여하는 혁신적 도전이고 실험이다. 여기에는 KN54이 지향하는 핵심 철학, 곧 **'신뢰와 공정한 분배, 그리고 지속가능한 공동체'** 라는 메시지가 담겨 있다.

　본 연구는 하나의 철학적 선언이며, 기술과 인간, 시스템과 감성 사이의 경계를 재정의 하려는 시도이며, 기존의 틀을 깨고, 복잡성과 모순 속에서 새로운 질서를 탐색하는 과정이다. '비전과 실행 간의 격차'라는 냉정한 현실을 직시하며, 사용자의 심리적 동인, 신뢰와 만족이 어떻게 행동으로 이어지는지를 실증적으로 분석했다.

⟨Epilogue⟩로서 이 논문은 선언한다. KN541은 아직 완성되지 않았다. 그러나 그것은 부족함이 아니라 가능성이다. **『공정하고 투명한 가치 공유, 소비자가 곧 생산자가 되는 생태계, 지구와 인간이 함께하는 지속 가능한 미래』** — 이것이 KN541이 세상에 남기고자 하는 핵심 철학이자 메시지다. 우리는 이 논문을 통해 단순한 해답이 아닌, 더 나은 질문을 제시하고자 한다. KN541은 끝이 아닌 시작이다. 이제, 그 질문을 이어받아야 할 당신의 차례다.

초록이 물들어 가는 가을 어느 날
KN541 설계자 **정차조**

참고문헌

국내 문헌

- 김성훈, 김용문 (2018). 한국의 공유 경제 현황과 성공 요인 분석.
- 정보사회연구, 29(3), 45-68.
- 정차조 (2024). 생소한 이론(KN541)을 통해 세상을 봐라!. 하움출판사.
- 정차조, 이용근, 조상현, 조희철, 정영준, 허남식, 조성호, 김진순, 유은희 (2025). Password KN541: 결국 소비자가 중심이다. 하움출판사.
- 허남식, 정차조 (2025). KN541 이즘(ISM): 새로운 사상과 문명의 청사진. 하움출판사.

국외문헌

- Agarwal, R., & Prasad, J. (1998). A Conceptual and Operational Definition of Personal Innovativeness in the Domain of Information Technology. Information Systems Research, 9(2), 204-215.
- Arvidsson, A., & Colleoni, E. (2012). Value in informational capitalism and on the Internet. The Information Society, 28(3), 135-150.
- Bagozzi, R. P. (2007). The legacy of the technology acceptance model and a proposal for a paradigm shift. Journal of the Association for Information Systems, 8(4), 244-254.
- Bauwens, M., & Kostakis, V. (2014). From the communism of capital to capital for the commons: Towards an open co-operativism. TripleC: Communication, Capitalism & Critique, 12(1), 356-361.
- Belk, R. (2014). You are what you can access: Sharing and collaborative consumption online. Journal of Business Research, 67(8), 1595-1600.

- Botsman, R., & Rogers, R. (2010). What's mine is yours: The rise of collaborative consumption. Harper Business.
- Chen, Y. H., & Barnes, S. (2007). Initial trust and online buyer behaviour. Industrial Management & Data Systems, 107(1), 21-36.
- Cova, B., Kozinets, R. V., & Shankar, A. (Eds.). (2007). Consumer tribes. Routledge.
- Davis, F. D. (1989). Perceived Usefulness, Perceived Ease of Use, and User Acceptance of Information Technology. MIS Quarterly, 13(3), 319-340.
- De Peuter, G., & Dyer-Witheford, N. (2010). Commons and cooperatives. Affinities: A Journal of Radical Theory, Culture, and Action, 4(1), 30-56.
- Donaldson, T., & Preston, L. E. (1995). The stakeholder theory of the corporation: Concepts, evidence, and implications. Academy of Management Review, 20(1), 65-91.
- Evans, D. S., & Schmalensee, R. (2016). Matchmakers: The new economics of multisided platforms. Harvard Business Review Press.
- Freeman, R. E. (1984). Strategic Management: A Stakeholder Approach. Pitman.
- Frenken, K., Meelen, T., Arets, M., & van de Glind, P. (2017). Smarter regulation for the sharing economy.
- The Guardian. Fuchs, C. (2014). Digital prosumption labour on social media in the context of the capitalist regime of time. Time & Society, 23(1), 97-123.
- Gawer, A., & Cusumano, M. A. (2002). Platform leadership: How Intel, Microsoft, and Cisco drive industry innovation. Harvard Business School Press.
- Gefen, D., Karahanna, E., & Straub, D. W. (2003). Trust and TAM in Online Shopping: An Integrated Model. MIS Quarterly, 27(1), 51-90.
- Greenhalgh, T., Robert, G., Macfarlane, F., Bate, P., & Kyriakidou, O. (2004).

Diffusion of innovations in service organizations: systematic review and recommendations. The Milbank Quarterly, 82(4), 581-629.
- Harrison, J. S., Freeman, R. E., & Sá de Abreu, M. C. (2015). Stakeholder theory as an ethical approach to effective management: Applying the theory to multiple contexts. Review of Business Management, 17(55), 858-869.
- Hart, O., & Zingales, L. (2017). Companies should maximize shareholder welfare, not market value. Journal of Law, Finance, and Accounting, 2(2), 247-274.
- Kenney, M., & Zysman, J. (2016). The rise of the platform economy. Issues in Science and Technology, 32(3), 61-69.
- Li, J. (2011). The UTAUT model for understanding the factors affecting the use of mobile learning in a Chinese context. International Journal of Distance Education Technologies, 9(3), 1-14.
- Mitchell, R. K., Agle, B. R., & Wood, D. J. (1997). Toward a theory of stakeholder identification and salience: Defining the principle of who and what really counts. Academy of Management Review, 22(4), 853-886.
- Moazed, A., & Johnson, N. L. (2016). Modern monopolies: What it takes to dominate the 21st century economy. St. Martin's Press.
- Moore, G. C., & Benbasat, I. (1991). Development of an instrument to measure the perceptions of adopting an information technology innovation. Information Systems Research, 2(3), 192-222.
- Paine, L. S. (2023). Capitalism at a Crossroads: The B Team's New Narrative for a World that Works for All. Harvard Business Review Press.
- Papadimitropoulos, V. (2022). Platform cooperativism and the commons. In The Routledge Handbook of the Digital Commons. Routledge.
- Parker, G. G., Van Alstyne, M. W., & Choudary, S. P. (2016). Platform revolution: How networked markets are transforming the economy and how to make them work for you. WW Norton & Company.

- Parmar, B. L., Freeman, R. E., Harrison, J. S., Wicks, A. C., Purnell, L., & De Colle, S. (2010). Stakeholder theory: The state of the art. The Academy of Management Annals, 4(1), 403–445.
- Prahalad, C. K., & Ramaswamy, V. (2004). Co-creation experiences: The next practice in value creation. Journal of Interactive Marketing, 18(3), 5–14.
- Ritzer, G. (2015). Prosumer capitalism. The Sociological Quarterly, 56(3), 413–445.
- Ritzer, G., & Jurgenson, N. (2010). Production, consumption, prosumption: The nature of capitalism in the age of the digital 'prosumer'. Journal of Consumer Culture, 10(1), 13–36.
- Rochet, J. C., & Tirole, J. (2003). Platform competition in two-sided markets. Journal of the European Economic Association, 1(4), 990–1029.
- Rogers, E. M. (1962). Diffusion of Innovations. Free Press.
- Schneider, N. (2018). Everything for Everyone: The Radical Tradition that Is Shaping the Next Economy. Nation Books.
- Scholz, T. (2016). Platform cooperativism: Challenging the corporate sharing economy. Rosa Luxemburg Stiftung.
- Scholz, T., & Schneider, N. (Eds.). (2017). Ours to hack and to own: The rise of platform cooperativism, a new vision for the future of work and a fairer internet. OR Books.
- Schwab, K. (2021). Stakeholder Capitalism: A Global Economy that Works for Progress, People and Planet. Wiley.
- Srnicek, N. (2016). Platform Capitalism. Polity Press.
- Standing, G. (2017). The precariat as a transformative class. Great Transition Initiative.
- Tapscott, D., & Williams, A. D. (2006). Wikinomics: How mass collaboration changes everything. Penguin.

- Tiwana, A. (2013). Platform ecosystems: Aligning architecture, governance, and strategy. Morgan Kaufmann.
- Toffler, A. (1980). The Third Wave. Bantam Books.
- Tornatzky, L. G., & Klein, K. J. (1982). Innovation characteristics and innovation adoption-implementation: A meta-analysis of findings. IEEE Transactions on Engineering Management, EM-29(1), 28-45.
- Venkatesh, V., & Davis, F. D. (2000). A Theoretical Extension of the Technology Acceptance Model: Four Longitudinal Field Studies. Management Science, 46(2), 186-204.
- Venkatesh, V., Morris, M. G., Davis, G. B., & Davis, F. D. (2003). User Acceptance of Information Technology: Toward a Unified View. MIS Quarterly, 27(3), 425-478.
- Venkatesh, V., Thong, J. Y., & Xu, X. (2012). Consumer acceptance and use of information technology: extending the unified theory of acceptance and use of technology. MIS Quarterly, 36(1), 157-178.
- Zuboff, S. (2019). The Age of Surveillance Capitalism: The Fight for a Human Future at the New Frontier of Power. PublicAffairs.
- Zwick, D., Bonsu, S. K., & Darmody, A. (2008). Putting consumers to work: 'Co-creation' and new marketing governmentality. Journal of Consumer Culture, 8(2), 163-196.

FGI 인터뷰 질문지

A. 개인 특성 및 플랫폼 가입 동기

1. (플랫폼 가입 배경) KN541 플랫폼에 처음 가입하게 된 계기는 무엇인가요? 가장 큰 동기를 구체적으로 말씀해 주세요.
2. (디지털 혁신성 및 활용도) 평소 새로운 디지털 서비스나 앱을 접할 때 어떤 태도를 가지고 계신가요? (적극적 vs 신중한 vs 보수적)
3. (디지털 혁신성 및 활용도) 일상에서 온라인 플랫폼(쇼핑, 커뮤니티, 투자 등)을 얼마나 자주 이용하시며, 주로 어떤 목적으로 사용하시나요?
4. (기업가적 성향) 개인적으로 새로운 사업 기회나 수익 창출에 관심이 있으신가요? 있다면 어떤 분야에 관심이 있으신지요?

B. 생소융합(生消融合) 개념 이해도

5. (개념 이해 정도) KN541에서 강조하는 '생산자-소비자 융합(생소융합)' 개념을 어떻게 이해하고 계신가요? 본인의 언어로 설명해 주세요.
6. (개념 이해 정도) 이 개념이 기존의 쇼핑 플랫폼이나 온라인 커뮤니티와 어떤 점에서 다르다고 생각하시나요?
7. (개념에 대한 공감도) '소비가 곧 수익이 된다'는 KN541의 슬로건에 대해 어떻게 생각하시나요? 실제로 가능하다고 보시나요?
8. (개념에 대한 공감도) 생산자와 소비자의 경계가 허물어진다면, 본인의 소비 패턴이나 생활 방식에 어떤 변화가 있을 것으로 기대하시나요?

C. GreenT 가상 자산 인식

9. (GreenT 인지도 및 이해도) KN541의 GreenT 가상 자산에 대해 알고 계신가요? 알고 있다면 그 기능과 활용 방식에 대해 어떻게 이해하고 계신지요?

10. (GreenT 인지도 및 이해도) GreenT를 획득하는 방법(추천, 리뷰 작성, 콘텐츠 생성 등)에 대해 어떻게 생각하시나요?
11. (GreenT 가치 신뢰도) GreenT의 가치가 변동될 수 있다는 점에서 기대하는 부분과 우려하는 부분이 있다면 무엇인가요?
12. (GreenT 가치 신뢰도) GreenT가 실제 현금이나 다른 혜택으로 전환될 수 있다면, 어떤 방식으로 활용하고 싶으신가요?
13. (GreenT 활용 의향) GreenT를 얻기 위해 플랫폼에서 더 적극적으로 활동할 의향이 있으시나요? 어떤 활동을 가장 하고 싶으신가요?

D. ESG 가치 인식

14. (ESG 중요도 인식) KN541이 강조하는 환경 보호(E), 사회적 책임(S), 투명한 경영(G) 가치가 본인에게 얼마나 중요한가요?
15. (ESG 중요도 인식) 세 가지 가치(E, S, G) 중에서 가장 중요하게 여기는 것은 무엇이며, 그 이유는 무엇인가요?
16. (ESG 실현 기대) KN541 플랫폼에서 ESG 가치를 실현하기 위해 어떤 구체적인 프로그램이나 활동을 기대하시나요?
17. (ESG 실현 기대) ESG 가치가 플랫폼 선택이나 지속적 이용에 영향을 미친다고 생각하시나요?

E. 플랫폼 참여 의도 및 기대

18. (참여 의도) KN541 플랫폼에서 장기적으로 꾸준히 활동할 의향이 있으신가요? 그 이유는 무엇인가요?
19. (참여 의도) 플랫폼 활동 중 가장 매력적으로 느끼는 부분은 무엇인가요?
20. (자가 쇼핑몰 운영 의도) KN541에서 제공하는 자가 쇼핑몰(My Shop) 서비스를 직접 운영해 보고 싶으신가요? 그 이유는 무엇인가요?
21. (자가 쇼핑몰 운영 의도) 자가 쇼핑몰을 운영한다면 어떤 상품이나 서비스를 판매하고 싶으신가요?

22. (기대 혜택) KN541에서 제공하는 혜택(수익, 정보, 커뮤니티, 교육 등) 중 가장 기대하는 것은 무엇인가요?

F. 플랫폼 신뢰도 및 개선 사항

23. (신뢰도) KN541 플랫폼에서 가장 신뢰할 수 있다고 느끼는 요소는 무엇인가요?
24. (신뢰도) 반대로 불안하거나 우려되는 부분이 있다면 무엇인가요?
25. (만족도) 현재까지의 KN541 플랫폼 경험에 대해 전반적으로 얼마나 만족하시나요? (10점 만점)
26. (만족도) 과거에 비슷한 플랫폼에서 실망했던 경험이 있다면, KN541은 어떻게 다른가요?
27. (개선 사항) KN541 플랫폼에서 가장 개선되었으면 하는 부분은 무엇인가요?
28. (미래 기대) 1년 후 KN541 플랫폼이 어떻게 발전했으면 좋겠나요?
29. (추천 의향) KN541 플랫폼을 가족이나 지인에게 추천할 의향이 있으신가요? 추천한다면/안 한다면 그 이유는?
30. (종합 질문) 오늘 인터뷰를 통해 새롭게 생각하게 된 점이나 추가로 하고 싶은 말씀이 있으시면 자유롭게 말씀해 주세요.

KN541의 성공을 위해 가장 중요한 요소는 무엇이라고 생각하시나요?

설문지 문항

Part 1. 인구통계학적 특성

1. 귀하의 성별은?

① 남성 ② 여성

2. 귀하의 연령대는?

① 50대 이하 ② 60대 ③ 70대 이상 ④ 80대 이상

3. 귀하의 현재 멤버십 단계는?

① 준회원 ② 정회원 ③ Club 2000 멤버

4. KN541 플랫폼 가입 기간은?

① 3개월 미만 ② 6개월 미만 ③ 1년 미만 ④ 1년 이상

Part 2. 플랫폼 이용에 대한 인식
(5점 리커트 척도: 1 = 전혀 그렇지 않다, 5 = 매우 그렇다)

[디지털 혁신성] (4문항)

1. 나는 새로운 서비스나 기술을 얼마나 빨리 시도하는 편입니까?
2. 나는 주변 사람들보다 새로운 디지털 서비스를 먼저 사용하는 편입니까?
3. 나는 평소 온라인 플랫폼(쇼핑, 커뮤니티, 금융 등)을 얼마나 자주 이용하십니까?
   (1 = 거의 안 함, 5 = 매우 자주)
4. 나는 디지털 플랫폼 사용에 어느 정도 능숙하다고 생각하십니까?

[기업가적 성향] (2문항)

5. 나는 자신만의 사업을 운영하고 싶은 생각이 있으십니까?
6. 나는 새로운 비즈니스 기회에 관심이 많은 편입니까?

[생소융합 개념 이해도] (3문항)

7. 나는 KN541의 '생산자-소비자 융합(생소융합)' 개념을 어느 정도 이해하고 계십니까? (1 = 전혀 모른다, 5 = 매우 잘 안다)
8. 나는 '소비가 곧 수익이 된다'는 KN541의 개념에 얼마나 동으하십니까? (1 = 전혀 동의하지 않는다, 5 = 매우 동의한다)
9. 나는 소비자가 플랫폼의 가치 창출에 직접 참여해야 한다고 생각하십니까?

[플랫폼 신뢰도] (3문항)

10. 나는 KN541 플랫폼이 신뢰할 수 있다고 생각하십니까?
11. 나는 KN541 플랫폼이 약속한 혜택을 실제로 제공할 것이라그 믿으십니까?
12. 나는 KN541이 추구하는 투명한 경영 가치가 얼마나 중요하다고 생각하십니까? (1 = 전혀 중요하지 않다, 5 = 매우 중요하다)

[이용 만족도] (3문항)

13. 나는 KN541 플랫폼 이용에 만족할 것으로 예상하십니까?
14. 나는 KN541 플랫폼이 제공하는 혜택(수익, 정보, 커뮤니티 등)에 만족할 것으로 기대하십니까?
15. 나는 전반적으로 KN541 플랫폼에 대한 기대 만족도는 어느 정도입니까? (1 = 매우 낮다, 5 = 매우 높다)

[지속적 이용 의향] (4문항)

16. 나는 KN541 플랫폼을 장기적으로 이용할 계획이 있으십니까?
17. 나는 KN541 플랫폼을 지속적으로 활용할 의향이 있으십니까?
18. 나는 다른 유사한 플랫폼보다 KN541을 우선적으로 이용할 것입니까?
19. 나는 주변 사람들에게 KN541을 추천할 의향이 있으십니까?

Part 3. 기타

1. KN541 플랫폼에서 가장 기대하는 점은 무엇입니까? (복수 선택 가능)

① 경제적 수익 창출 ② 새로운 비즈니스 기회 ③ 커뮤니티 활동

④ 정보 및 교육 제공 ⑤ ESG 가치 실현 ⑥ 기타 ( )

2. KN541 플랫폼 발전을 위한 제안 사항이 있으시면 자유롭게 작성해 주시기 바랍니다.

**KN541 플랫폼의 생산자와
소비자 융합(생소융합) 모델에 관한 연구**

1판 1쇄 발행 2025년 11월 10일

저자 허남식, 정차조

교정 신선미　**편집** 윤혜린　**마케팅·지원** 이창민

펴낸곳 (주)하움출판사　**펴낸이** 문현광

이메일 haum1000@naver.com　**홈페이지** haum.kr
블로그 blog.naver.com/haum1000　**인스타그램** @haum1007

ISBN 979-11-7374-209-5(03320)

좋은 책을 만들겠습니다.
하움출판사는 독자 여러분의 의견에 항상 귀 기울이고 있습니다.
파본은 구입처에서 교환해 드립니다.

이 책은 저작권법에 따라 보호받는 저작물이므로 무단전재와 무단복제를 금지하며,
이 책 내용의 전부 또는 일부를 이용하려면 반드시 저작권자의 서면동의를 받아야 합니다.